龙华英烈画传系列丛书

中共上海市委党史研究室　龙华烈士纪念馆　编

沈申甬　著

杨培生画传

中国共产党诞生地出版工程

上海人民出版社

出版说明

2021年是中国共产党成立100周年，为回望早期中国共产党人“革命理想高于天”的信仰力量、艰苦卓绝的开拓斗争、舍生取义的无畏牺牲，从中汲取继续奋进的强大精神力量，由中共上海市委宣传部组织，中共上海市委党史研究室、龙华烈士纪念馆编写龙华英烈画传系列丛书，致敬为真理上下求索、为信仰奋斗牺牲的革命先驱们。

上海市龙华烈士陵园（龙华烈士纪念馆）是国民革命、土地革命时期著名英烈人物最为集中的纪念地。在新中国成立前中国共产党产生了171位中央委员，其中有42人牺牲，在龙华牺牲了7位，占六分之一；首届中共中央监察委委员10人中有8人牺牲，在龙华牺牲了4位，占二分之一；其他曾在龙华被押过的革命者更是数以千计。丛书首批选取11位英烈，按照其生平脉络，选取若干重要历史事件，配以反映历史背景、切合主题内容、延伸相关阅读的丰富历史图片，以图文并茂的方式叙写龙华英烈们在风雨如晦中筚路蓝缕的艰难寻路、为中国革命披肝沥胆的无畏与牺牲，彰显早期中国共产党人实现救国、救民的初心。

丛书所收录的图片和史料多源自各兄弟省市党史研究室、纪念场馆，以及中共上海市委党史研究室、龙华烈士纪念馆等机构的公开出版物及展陈，或源自英烈后代的珍藏。基本采用历史事件发生时期的老照片，但由于年代久远且条件有限，部分无法直接利用的老照片，或进行必要修复，或通过对现存史料进行考证后重新拍摄。

丛书反映内容跨度长、涉及面广、信息量大且年代久远，编写人员虽竭尽全力，但不足和疏漏之处在所难免，敬请广大读者批评指正。

目录

一

初萌革命思想

YANG PEISHENG

生逢乱世经风霜

杨培生，又名杨嫩枝[①]，1883年出生于江苏省川沙县（今上海浦东新区）小营房北杨家宅。祖上杨萧塘迁居川沙八团（今蔡路乡），已传约十一世。杨家世代以种地为生，为了改变家族的命运，杨培生的祖父咬牙将杨培生的父亲杨葆真（字嘉乃）送至私塾上学，希望他通过科举来光耀门楣。杨葆真平时读书极为勤

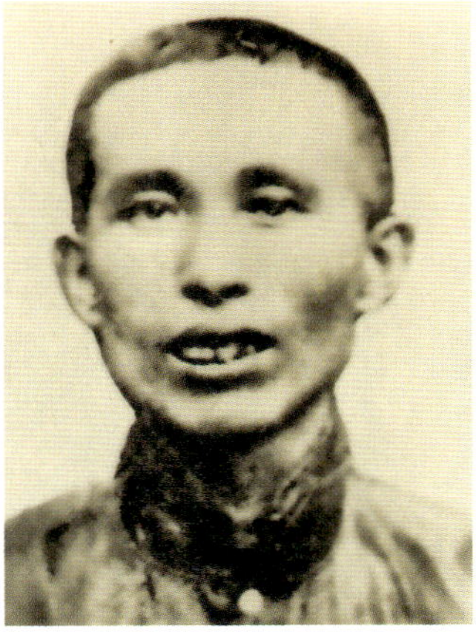

杨培生

① 1910年，杨培生在家里的安排下，与川沙暮紫桥人周筱发结婚，婚后生有六个儿子，分别是长子杨文元（新中国成立前去世），次子杨沛如（新中国成立前去世），三子杨洁如，四子杨六如，五子杨渔春，六子杨继春（夭折）。在1959年4月5日的《杨洁如干部自传》中，杨洁如认为其父杨培生的曾用名还有杨漱枝、杨文轩。

勉，但不知是学识未达，还是考运不佳，一直未能中试。杨培生出生的第二年，也就是光绪十年，杨葆真通过了当年的科试，被取为秀才。① 但随后几次乡试失败，家中经济负担越来越重，他不得不放弃科举，以办私塾为生，并把所有的希望放在了长子杨培生的身上，希望他能认真念书，青出于蓝而胜于蓝。为此，杨葆真将儿子带在身边亲自教导。杨培生十分聪慧，学什么都很快，这使杨葆真欣慰异常，并对儿子充满期待。但世事无常，1905 年，科举制正式取消，杨培生只能另谋出路。当时，他面前

杨培生的妻子周筱发

① 《中国地方志集成·上海府县志辑⑦》，上海书店出版社 1991 年版，第 335 页。

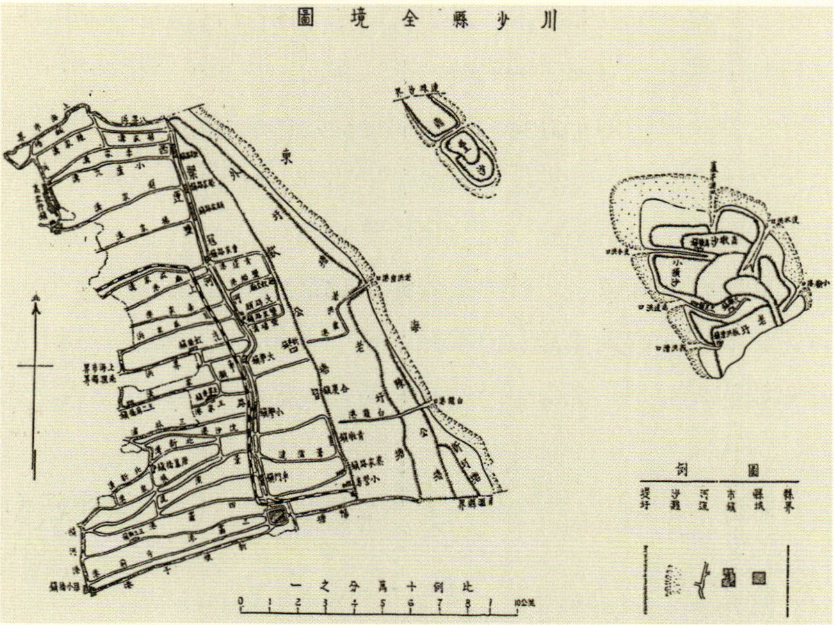

杨培生出生于川沙县小营房北杨家宅。这是川沙全境图

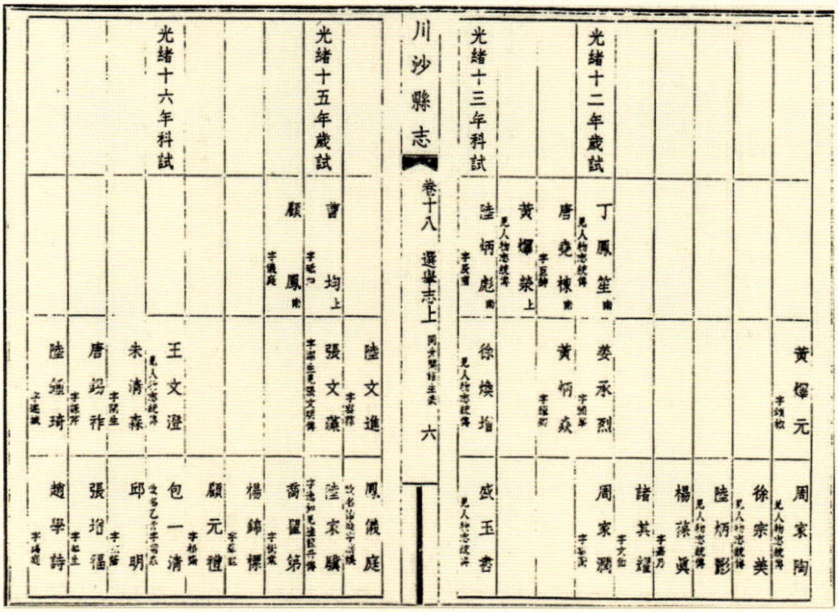

川沙縣志 卷十八 選舉志上 六

光緒十二年歲試
丁鳳笙 婁承烈 周家澍
唐堯棟 黃炳焱
黃熾榮

黃爆元 周家陶
徐宗美
陸炳彫
楊葆眞
諸其耀

光緒十三年科試
陸炳彪 徐煥猷 盛玉書

光緒十五年歲試
曹均 張文藻 陸家驥
顧鳳 喬耀第
陸文進 鳳儀庭
楊錦標
顧元禮

光緒十六年科試
王文澄 包一清
朱清森 邱明
唐鍚祚 張增福
陸繩琦 趙學詩

1884 年，杨培生父亲杨葆真通过科试，被取为秀才

只有两条路：一是继承祖上的田产，在家耕种；二是离开川沙，去外面看看有没有谋生的机会。家人认为，杨家只有杨培生一个儿子，他是家中的主心骨，需要他撑门户，况且当时环境不是很好，在家务农最为稳妥。但是杨培生觉得，自己年轻力壮，理应出去见世面。世道不好，更应该离家闯荡，把握时机。此前，他的姐姐早已离开家乡，前往上海纱厂做工。在杨培生看来，上海谋生机会多，离家又近，回来照顾家里非常方便。为此，到上海投靠姐姐无疑是一个很好的选择。不久，杨培生便离开家人，到闸北新民路天宝里的姐姐家暂住，慢慢寻找谋生的机会。

那时，去作坊、工厂做学徒不失为一条好的出路。学徒一般

这时期繅絲机制造厂簡况，大概如下表：

繅絲机制造厂（1882—1913年）

創設年代	厂名	創办人	創办人出身	企业組织	創設資本估計（元）	地址	备注
1882	永昌机器厂	董秋根	船长	合伙	400	虹口外虹桥	1907年改組为允昌
1884	陈仁泰机器厂	陈安美	义昌盛五金店員	独資	200	虹口中虹桥	初設时系銅錫店，1896年始制繅絲机零件
1899	均昌机器厂	刘咸德	綸华絲厂老軌	合伙	1,000	海宁路	
1903	裕昶生机器厂	吴根生	仁綸絲厂老軌	独資	600	嘉兴路	原系合伙，厂名裕昌生，1913年改今名，后独資
1904	张鸿昌机器厂	张鸿生	瑞綸絲厂老軌	独資	1,000	长安路	
1904	启昌机器厂	张东森	德商苏太白厂領班	合伙	300	天宝路	造紙机、火柴机修配
1907	允昌机器厂	方茂卿	海关职員	独資	1,000	虹口外虹桥	于1911年歇业

启昌机器厂成立于1904年，杨培生曾在此工作了8年。这是启昌机器厂的简况

1862年，英商尼柯逊（A.M. Nicolson）同英国和记洋行包义德（G.M. Boyd）在浦东陆家嘴（现浦东公园部分）创办祥生船厂（Nicolson & Boyd Co.）。杨培生工作的祥生铁厂为祥生船厂的下设工厂。这是祥生船厂位置图

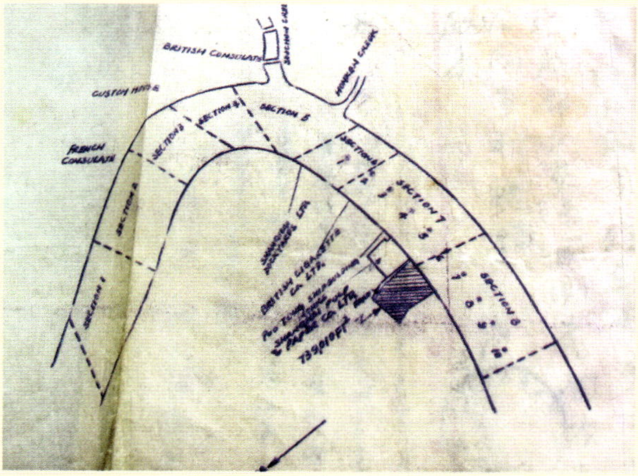

祥生船厂建造的船舶试水

会跟师父签订三五年的契约，在此期间，师父包吃包住并传授技术，学徒任由师父差遣且没有工钱。学徒只有学会技术，得到师父的认可出师后，才能从业拿工钱。值得一提的是，学徒不是想当就能当得上的，都需要熟人介绍，或通过亲戚或通过老乡，所以某个行业往往是由一个地方的人垄断。例如当时在祥生船厂、耶松船厂，熟练工主要来自广东香山，因为广东靠海，早于上海几年设立船坞。祥生船厂、耶松船厂早期找不到熟练工时，就通过中介到广东找工人，因此当年上海各船厂的熟练工基本上都来自广东。船厂的非熟练工则主要来自宁波和上海周边农村的贫雇

祥生船厂摆渡口

农，他们开始跟广东工人当学徒，学成后陆续代替广东工人。而铁匠主要以无锡人为主，翻砂工以广东和宁波人为主，冷作工也以广东人为主。当时，杨培生的姐夫丁逢年主要从事铜铁机器业。1906 年，他通过关系，将杨培生介绍到在天宝路的启昌机器厂做学徒工。杨培生在这家主要从事造纸机、火柴机修理的民营工厂里工作了八年。因为聪明勤奋、刻苦肯学，他深得老师傅的喜爱，逐渐从一个学徒成长为一名钳工师傅。同时，他为人仗义、处事有方、平易近人，非常受工友们敬重，大家都亲切地称他为“杨师傅”。1914 年秋天，启昌机器厂失火，厂房被烧毁，老板不得不结束营业。① 厂里的工人分散至上海各个机器厂做工谋生，这为杨培生今后深入各厂、联系工友，组织革命活动，打下了坚实的基础。同年，杨培生进入浦东陆家嘴祥生铁厂做工。

五四运动显身手

1919 年，为了反对帝国主义列强在巴黎和会上肆意践踏中国主权、反对北京政府的卖国政策，北京爆发了震惊中外的五四爱国运动。不久，反帝反封建的斗争浪潮从北京席卷全国。

---

① 据杨洁如回忆，他曾多次听母亲周筱发讲述，二哥杨沛如出生后不久的一天傍晚，启昌机器厂发生火灾，住在厂附近的周筱发在慌乱中，抱了孩子就走，直到杨培生赶回家时，才发现错把枕头当孩子了。

6月3日起，上海的群众走上了斗争的前列。6月5日，产业工人最为集中的上海，掀起了罢工的浪潮。上海工人自发走上街头，举行罢工，以声援学生。日商内外棉三、四、五厂近六千名工人首先举行罢工，杨树浦上海纱厂两万余工人、商务和中华印刷厂工人也继起响应。同日，上海商界宣布罢市，抗议北洋政府的暴行。6月6日早上7点开始，杨培生所在的祥生铁

1919年5月4日，北京3000余学生齐集天安门前示威游行，要求收回山东特权、拒绝在巴黎和会上签字、废除“二十一条”、抵制日货等，由此爆发了以学生斗争为先导、各阶层积极响应的反帝爱国的“五四运动”。图为北京大学示威游行的队伍向天安门广场进发

上海各界在南市公共体育场集会，声援北京学生

厂的四百余工人也加入了罢工的行列，并提出了“释回被拘学生，惩办曹陆诸人”[①] 的要求。6 月 9 日，祥生、和丰、耶松、瑞熔等厂共 5400 余名工人联合举行罢工。其中，祥生厂罢工工人达 2000 余人。当时正值祥生铁厂为罗维芹洋行定制的两艘轮船竣工试车的关键时期，外国老板下令工头再三劝阻工人不要罢工，但是工人奋力支持北京学生的爱国运动，坚持罢工。[②] 当

① 《罢市后之工界要闻》，《新闻报》1919 年 6 月 7 日。
② 《罢工声中之工界消息——祥生铁厂》，《新闻报》1919 年 6 月 10 日。

时，《字林西报》采访了罢工工人，工人表示："我们这里工人，既不是为了增加工资，也不是为了缩减工时……他们说：'我们都是穷人，但我们绝对不要我们的国家变成朝鲜第二，那里的一片景象是惨不忍睹的。我们当前所进行的运动，乃是世界史上一件最为惊人的运动。这是一个全民的运动，不为任何武力所能压制得了的。'"从6月6日至6月11日，祥生铁厂工人罢工整整持续了六天六夜，杨培生与工友们一起参加了这场罢工斗争。在这场轰轰烈烈的反帝爱国运动中，他看清了帝国主义列强对中国掠夺、欺辱的强盗行径，北洋军阀政府对内欺压、对外软弱的无能，以及工人群众不畏强暴、勇于斗争的反抗精神，他从一个普通的、谋求个人生存的工人逐渐向一个爱国者转变。

是年7月，为响应孙中山提出的关于发展矿业、炼铁以及铁路运输的号召，杨培生和祥生铁厂的铜匠领班杭宝善、周回登、石文亭、孙祖恩等人在内园（今豫园）发起成立了"铜铁机器公会"。事实上，中国早期工人主要的组织形式有行会、帮口和秘密结社等。其中，行会是封建社会城镇手工业的同行业组织。帮口是以来自相同籍贯而结合的同乡性质的集团。① 秘密

① 刘明逵编：《中国工人阶级历史状况》第一卷第二册，中共中央党校出版社1993年版，第564页。

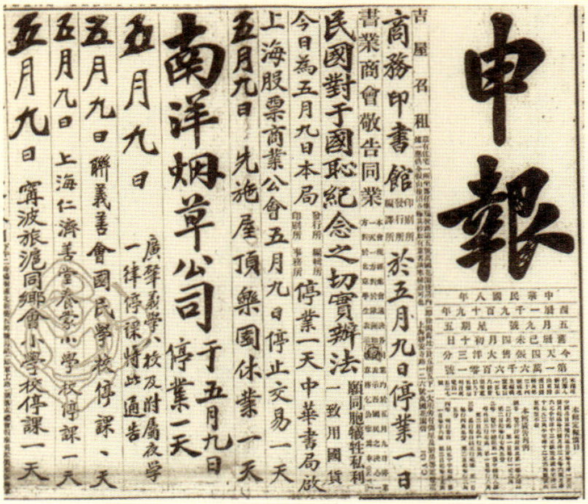

申報

中華民國八年
西曆一千九百十九年
五月九號 星期五
舊曆己未四月初十日
今天四張售大洋三分
第一萬六千六百零一號

商務印書館於五月九日停業一日

書業商會敬告同業

民國對于國恥紀念之切實辦法 一致用國貨 願同胞犧牲私利

今日為五月九日本局停業一天 中華書局啟

上海股票商業公會五月九日停止交易一天

五月九日 先施屋頂樂園休業一天

南洋烟草公司于五月九日停業一天

五月九日 廣肇義學、校及附屬夜學一律停課特此通告

五月九日聯義善會國民學校停課一天

五月九日 上海仁濟善堂養蒙小學校停課一天

五月九日 寧波旅滬同鄉會小學校停課一天

1919 年 5 月 9 日，《申报》报道上海各界罢市、罢课

从 1919 年 6 月 5 日起，上海约有六七万工人大罢工，显示了工人阶级的巨大力量

上海学生联合会召集学生声援北京五四运动

上海商界罢市，举行声援学生的游行

▲鐵廠工人　浦東陸家嘴英商祥生鐵廠工人四百餘人同盟罷工等情曾誌本報茲悉船塢銅匠鐵匠等各部份工人總計二千餘人前日星期六發給工資本定星期日應有數部份工人照常上工以應需要乃昨日各工人相約全體罷工以作商界後盾街市遊人雖多頗守文明並無事故發生

1919年6月9日，《新闻报》报道有关祥生铁厂工人罢工的消息

上海是中国近代工业的发源地，是工人阶级最集中的城市。当时有许多来自全国的工人到这里谋生

结社则是封建社会中的农民、手工业工人和游民，为反对封建统治者和剥削，并避免敌人的搜查和追捕而结成的秘密团体。①由于缺乏自己的政党和统一的工会领导，工人本身还处在自在阶

① 刘明逵编：《中国工人阶级历史状况》第一卷第二册，中共中央党校出版社1993年版，第565页。

上海纺织工场的女工在做工

1919 年 7 月 20 日，杨培生参与发起了铜铁机器公会。这是杨培生（二排左五）等全体发起人在内园（豫园）的合影

段，这些工人活动组织受到行帮组织的陋规约束，而且成员较为复杂，群众基础也较为狭窄。如广东帮木工在虹口草帽弄设立的“鲁班殿”，翻砂工人在南火车站设立的翻砂公所，铁匠工人在城隍庙“老君殿”设立的铁匠会所等，这些旧式组织会给加入的工人提供各种庇护，但工人都要缴纳高昂的会费，以“鲁班殿”为例，木工每年缴纳的会费是其工资的15%—30%。同时，资本家往往会请这些行会的头领充当领班、包工头。为此，底层的工人要受到资本家和包工头的双重剥削。而且这类组织会分化工人，据祥生铁厂的老工人回忆，当年厂里广东帮工人罢工，宁波帮木匠拖后腿，照常上工，结果给英国老板钻了大空子，把广东帮工人整批开除。之后，宁波帮木匠罢工，广东帮拆台，罢工又被英国老板勾结军阀镇压下去了。因此，当时的工人斗争往往是局部的、个别的、不彻底的。而杨培生参与发起的“铜铁机器公会”虽然类似旧式行会，但从某个角度反映了他救国思想的萌芽，也是他谋求以统一的组织团结工人、争取劳动权益的尝试。

黄浦江畔蕴灵气

1921年，祥生铁厂新建成的“新江天”轮试水成功。因技术高超，在新轮船的制造中表现出色，杨培生被任命为钳工领班。

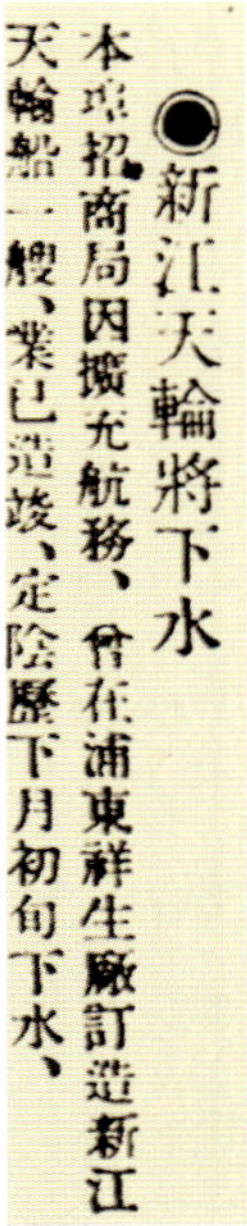
◉新江天輪將下水

本埠招商局因擴充航務、曾在浦東祥生廠訂造新江天輪船一艘、業已造竣、定陰曆下月初旬下水、

1921 年 8 月 2 日《新闻报》关于祥生船厂制造的“新江天”轮试水的报道

当时厂里的工人收入不高，经济上常常周转不过来，要是遇到家人生病或其他意外，基本生活也难以为继。因此，为解决经济困难，在工人中盛行“合会”，也就是首先由急需欠款的工人充当发起人（称会首或会头），然后凭借个人的信用，请收入较为充裕而又有信用的人担保，邀集同事数人（称会脚）组成一会，约定每人每次应缴会款和开会时间。第一次交纳的会款一般归会首，以后依不同方式，决定会脚收款顺序。在祥生铁厂所有的领班中，就数杨培生为人最和气，最肯帮大家的忙。因此，常有工人请杨培生为“合会”做保，虽然有时因为工人按期还不出会款，还需要杨培生垫付，但他每每看见工人有困难，总是不推辞，乐意为大家帮忙。有时候，为了解决大家的燃眉之急，杨培生甚至借钱去帮助他们。所以，杨培生在工友中人缘很好，大家都很爱戴他，愿意听他的话。

五四运动后，先进的知识分子清楚地认识到要改变中国的面貌必须依靠工人阶级，一定要建立工人阶级的政党。他们努力研究和宣传马克思主义，同反马克思主义思潮进行论战，同时还深入到劳动群众中开办学校，在工人中进行宣传和组织工作。1920 年，中国共产党早期组织成立后，上海的工人运动有了新的发展和变化。以浦东地区为例，工人运动较之以往更有组织性和目的性。1921 年 7 月，浦东英美烟厂 8000 多名工人为抗议洋监工虐待工人举行罢工，工人们情绪激昂，但因为缺乏组织，罢工后却不知道下一步该如何进行，甚至有人建议去庙里求签，让神明做主是否要继续罢工。正在此时，中国共产

上海机器工会成立后，
由李中主持日常工作

1920 年 6 月，中国共产党早期组织在环龙路老渔阳里 2 号（今南昌路 100 弄 2 号）成立

1921 年 7 月，浦东英美烟厂工人罢工时曾在刘公庙集会

1920 年 10 月 17 日，上海机器工会在西门路泰康里 41 号（后为自忠路 225 号）临时会所召开理事会

党派出的代表李启汉深入到英美烟厂的工人中，普及罢工的知识，开展有序的斗争。在罢工中，工人们响亮地喊出了“还我血汗”的口号，提出了8项复工的条件。经过斗争，资方答应赔偿工人的罢工损失，还撤换了洋监工，释放了工人代表。罢工取得胜利后，成立了上海烟草工人会，签名入会者有400多人，这在全国是破天荒第一次，标志着工人阶级的新觉醒。事实上，在中国共产党第一次代表大会之前，在上海共产党早期组织的帮助下，上海机器工会、上海印刷工会和上海纺织工会沪西部已经建立。上海机器工会是上海共产党早期组织领导下建立的第一个工会。当时，上海共产党早期组织明确提出了要建立“真正的工人团体”。1920年10月3日下午，上海机器工会发起会在渔阳里6号外国语学社召开。会议上，筹备会书记李中指出，发起工会的宗旨是“谋本会会员底利益，除本会会员底痛苦。但是要达到这个宗旨，第一不要为资本利用的工会；第二不要变为同乡观念的工会；第三不要变为政客和流氓把弄的工会；第四不要变为不纯粹的工会；第五不要变为只挂招牌的工会”。1920年11月21日，上海机器工会在白克路（今凤阳路）207号上海公学成立。

1921年8月11日，中国劳动组合书记部成立，作为党公开从事工人运动的总机关。书记部成立及各分部成立后，随即投入了宣传教育和组织工作，出版《劳动周刊》，举办工人补习学校、组建工人俱乐部等，还继续领导和帮助上海工人组织自己的工会，特别强调按产业组织工会。1922 年 3 月 19 日，在中国劳动组合书记部的指导和帮助下，上海纺织工会浦东分会（又称浦东纺织工会）成立大会召开，这是党领导下的浦东第一个工会组织。同年 4 月 17 日，日华纱厂一、二厂工人在中国劳动组合书记部的领导下，为要求增加工资遭到该厂日本大班拒绝而举行罢工。其间，劳动组合书记部领导上海机器工会、中文印刷工会等多个工人团体，联合发起浦东纺织工人经济后援会，支持罢工工人。罢工最终取得胜利，并迫使日本资本家承认工会的存在，使工会威信大为提高。这些发生在浦东的工人运动，大大触动了杨培生，联系到自己十多年来在工厂的遭遇，以及工人们为了维

中国共产党领导下的浦东第一个工会组织——浦东纺织工会成立大会合影

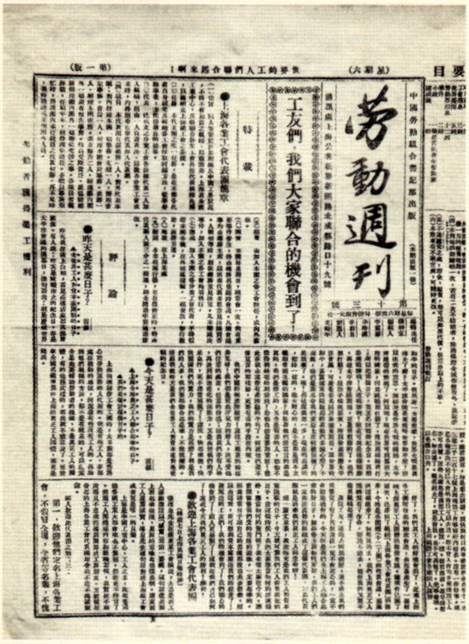

勞動週刊

工友們，我們大家聯合的機會到了！

中国劳动组合书记部机
关报——《劳动周刊》

中国劳动组合书
记部旧址陈列馆

1921年，李启汉参与组织了中国共产党领导的第一次罢工斗争——上海英美烟厂罢工，并取得胜利。同年任中国劳动组合书记部干事兼《劳动周刊》编辑

持基本生活不得不“合会”的境遇，他的思想发生了深刻的变化。同时，中国共产党深入工人的宣传，也对杨培生产生了极大的影响，特别是发人深省的《太平歌》①：天下要太平，劳工须团结 / 万恶财主铜钱多，都是劳工汗和血 / 谁也晓得 / 为富不仁是盗贼 / 谁也晓得 / 推翻财主天下悦 / 谁也晓得 / 不做工的不该吃 / 有

① 《太平歌》由陈望道撰写，被印制在一张贺年片的背面，当时共印制了6万余张。1922年1月28日（农历正月初一）上午，陈望道、李汉俊、李达等人带领党、团员上街分发。工人拿到“贺年片”后非常感动，认为“上海滩有人关心工人了”。《太平歌》因为语言通俗、平实，又能代表工人利益，在工人中流传较广。

工大家做，有饭大家吃 / 这才是共产社会太平国。每一句词都深深地打动着杨培生，他认为共产党说出了他们工人想说的话，只有共产党才能真正代表工人的利益。这拉近了他与党的距离，也为他今后主动靠近党、建立与党的联系奠定了基础。

二

投身五卅运动

YANG PEISHENG

五卅狂飙见真章

1925 年 2 月 2 日，日商内外棉八厂粗纱间夜班的女童工因疲劳过度，在打瞌睡时，遭到了日本领班的毒打。同在一个车间的女童工姐姐见妹妹受欺，便上前与日本领班理论，但也遭到了毒打。全车间的工人见此，皆忿忿不平，向厂方抗议，日本资本家借机开除了工人。义愤之下的工人开始了罢工。中共中央专门组织了指挥这次罢工的委员会。先后参加罢工的有 22 家工厂的近 4

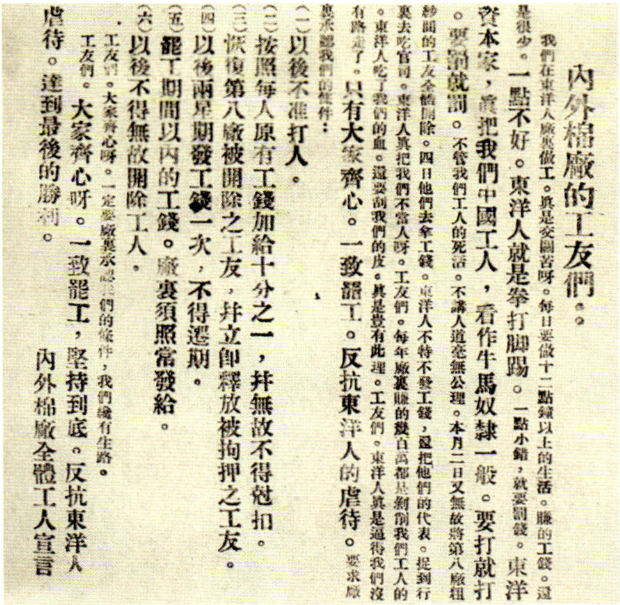

内外棉廠的工友們。。

我們在東洋人廠裏做工。真是交關苦呀。每日要做十二點鐘以上的生活。賺的工錢。還是很少。一點不好。東洋人就是拳打脚踢。一點小錯，就要罰錢。東洋資本家，眞把我們中國工人，看作牛馬奴隸一般。要打就打。要罰就罰。不管我們工人的死活。不講人道毫無公理。本月二日又無故將第八廠粗紗間的工友全體開除。四日他們去拿工錢。東洋人不特不發工錢，還把他們的代表。捉到行裏去吃官司。東洋人眞把我們不當人呀。工友們。每年廠裏賺的幾百萬都是剝削我們工人的。東洋人吃了我們的血。還要剝我們的皮。眞是豈有此理。工友們。東洋人眞是逼得我們沒有路走了。只有大家齊心。一致罷工。反抗東洋人的虐待。要求廠裏承認我們的條件：

(一)以後不准打人。

(二)按照每人原有工錢加給十分之一，并無故不得尅扣。

(三)恢復第八廠被開除之工友，并立即釋放被拘押之工友。

(四)以後兩星期發工錢一次，不得遲期。

(五)罷工期間以內的工錢。廠裏須照常發給。

(六)以後不得無故開除工人。

工友們。大家齊心呀。一定要廠裏承認我們的條件，我們纔有生路。

工友們。大家齊心呀。一致罷工，堅持到底。反抗東洋人虐待。達到最後的勝利。

內外棉廠全體工人宣言

1925 年 2 月 2 日，日商内外棉八厂工人为反对开除工人而罢工。这是内外棉厂工人罢工宣言万名工人。杨培生利用自己领班的身份，发动祥生铁厂的工匠为支持纱厂工人而举行罢工。同时，他还在浦东各厂奔走呼号，揭露帝国主义压迫工人的种种罪行，动员大家参加声援。资方为了避免损失，被迫答应工人的部分要求，并承认了工会组织。罢工取得了阶段性胜利。当年四五月间，恰逢棉价高、纱价低，日资老板企图压缩生产，撕毁二月罢工的复工协议，任意克扣工资，虐待工人。5 月 7 日，上海日本纺织同业会开会决定，拒绝承认工人组织的工会，要求租界当局及中国官方取缔工会活动。5 月 15 日，日本资本家宣布内外棉七厂停工，不准工人进厂。该厂工人顾正红带领工人冲进工厂，要求复工和发放工资。日方大班带领打手赶到后，疯狂地毒打手无寸铁的工人。顾正红率领工人冲

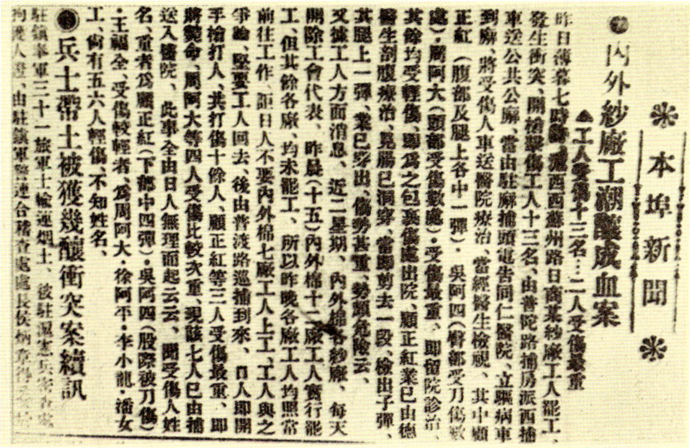

本埠新聞

內外紗廠工潮釀成血案

▲工人受傷十三名…二人受傷最重

昨日薄暮七時許、滬西西蘇州路日商某紗廠工人罷工、發生衝突、開槍擊傷工人十三名、由普陀路捕房派西捕車送公共公廨、當由駐廨捕頭電告同仁醫院、立派病車到廨、將受傷人車送醫院療治、當經醫生檢視、其中顧正紅（腹部及腿上各中一彈）・吳阿四（臀部受刀傷數處）・周阿大（頭部受傷數處）・受傷最重、即留院診治、其餘均受輕傷、略爲之包裹傷處出院、顧正紅業已由德醫生剖腹療治、見腸已洞穿、當即剪去一段、檢出子彈、其腿上一彈、業已穿出、傷勢甚重、勢頗危險云、又據工人方面消息、近二星期、內外棉各紗廠、每天開除工會代表、昨晨（十五）內外棉十二廠工人實行罷工、但其餘各廠、均未罷工、所以昨晚各廠工人均照常前往工作、詎日人不要內外棉七廠工人上工、工人與之爭論、堅要工人回去、後由普渡路巡捕到來、日人即開手槍打人、共打傷十餘人、顧正紅等三人受傷最重、即將斃命、周阿大等四人受傷比較次重、現該七人已由捕送入醫院、此事全由日人無理而起云云、聞受傷人姓名、重者爲顧正紅（下部中四彈）・吳阿四（股際被刀傷）・王福全、受傷較輕者、爲周阿大・徐阿平・李小龍・潘女工、尚有五六人輕傷、不知姓名、

兵士帶土被獲幾釀衝突案續訊

駐鎮峯軍三十一旅軍士輸運烟土、被駐滬憲兵營查拘獲人贓、由駐鎮軍警連合稽查處處長侯炳章……

《申报》关于 5 月 15 日内外棉纱厂血案的报道

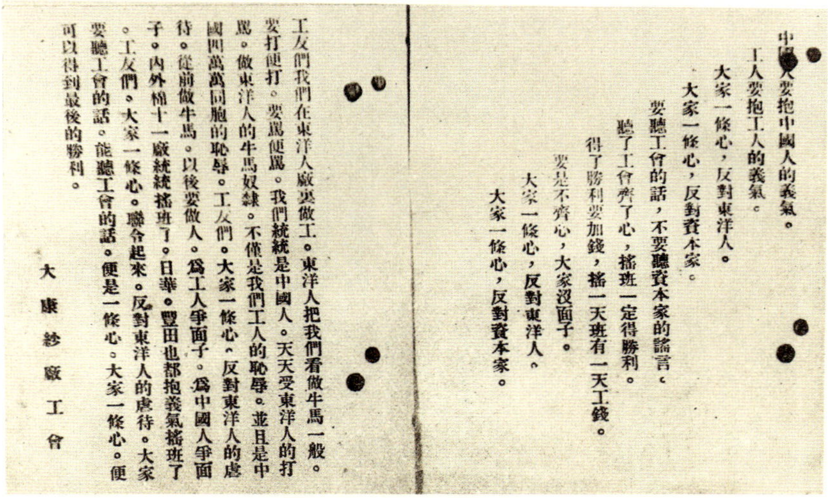

中國人要抱中國人的義氣。
工人要抱工人的義氣。
大家一條心，反對東洋人。
大家一條心，反對資本家。
要聽工會的話，不要聽資本家的謠言。
聽了工會齊了心，搖班一定得勝利。
得了勝利要加錢，搖一天班有一天工錢。
要是不齊心，大家沒面子。
大家一條心，反對東洋人。
大家一條心，反對資本家。

工友們我們在東洋人廠裏做工。東洋人把我們看做牛馬一般。要打便打。要罵便罵。我們統統是中國人。天天受東洋人的打罵。做東洋人的牛馬奴隸。不僅是我們工人的恥辱。並且是中國四萬萬同胞的恥辱。工友們。大家一條心、反對東洋人的虐待。從前做牛馬。以後要做人。爲工人爭面子。爲中國人爭面子。內外棉十一廠統統搖班了。日華。豐田也都抱義氣搖班了。工友們。大家一條心。聯合起來。反對東洋人的虐待。大家要聽工會的話。能聽工會的話。便是一條心。大家一條心。便可以得到最後的勝利。

大康紗廠工會

二月罢工的怒潮席卷上海。这是沪东区大康纱厂（后为上棉十二厂）工会散发的传单

到物料间，拿了一批打梭棒，奋起自卫。日本大班眼见不好，立即拔枪威胁。但是顾正红等人并没有害怕，反而质问资方为何无缘无故关厂，不让工人上工。恼羞成怒的日本大班对着顾正红等人连连开枪，在场的十余位工人被打伤，顾正红身中多枪，伤重不治身亡。消息传来，激起了全上海乃至全国人民的极大愤怒。上海内外棉东五、七、八、十二等 5 个厂 8000 多名工人随即罢工，严正抗议资本家的暴行。5 月 16 日和 19 日，中共中央先后发布第三十二号和第三十三号通告，指示各区委、地委、独立支

二月罢工的活动据点——小沙渡潭子湾大丰纱厂老工房大丰里

1925 年 2 月之后，上海的日本纱厂工人为争取基本权益进行了多次罢工。这是沪西纱厂工人与罢工领导人在沪西工友俱乐部前的合影

1925 年 5 月 15 日，为捍卫工人利益，顾正红惨遭日商资本家枪杀。他的牺牲成为了五卅运动的导火索

部应即号召工会、农会、学生会以及各种社会团体，一致援助上海内外棉罢工工人，发动“一个反对日本的大运动”，并规定各地共青团“下全体动员令，组织游行演讲队……向日本帝国主义者加以总攻击”。①

杨培生得知顾正红牺牲后，立即召集祥生铁厂的工人，把消息告诉了大家：“前几天，内外棉七厂发生了一件惨案，日本老板不仅无缘无故开除工人，还开枪打死了我们的一个兄弟顾正红，打伤了十数人。这些日本人坏透了，不把我们当人看。现在已经有工会的代表去巡捕房，要求调查事情真相。”“兄弟们，我们都是中国人，能眼看着日本人在我们的地盘上说杀就杀，说抢就抢吗？他们横行霸道，今天杀了顾正红，明天就能杀了王正红、李正红。如果不赶走他们，我们永远没有出头的日子，永远会被他们欺辱。所以，兄弟们啊，我们一定要惩罚凶手，我们一定要反抗，一定要把他们赶出中国。”“杨师傅说的对，我们要惩罚凶手，我们要赶他们出去！”工人们听了杨培生的话，不由自主地喊了起来。

不久，就有大学生响应中共上海地委、青年团上海地委组织作露天演讲的号召，前往祥生铁厂进行宣传。他们在广场上，一

① 沈以行、姜沛南、郑庆生主编：《上海工人运动史》，辽宁人民出版社 1991 年版，第 207 页。

边分发传单，一边向来往的工人讲述顾正红的牺牲过程。说到激动处，学生们站到长凳上呼喊了起来：“祥生的工人兄弟们，现在全市几万工人正在准备罢工，来抗议帝国主义的暴行。我们学生也已经行动起来，声援工人。你们也要加入抗争的队伍，我们不能被帝国主义白白欺辱。要抗议！要抗议！”在场的工人听到学生的讲述群情激愤。一旁的杨培生紧接着说：“天下工人是一家，日本人打死了我们的兄弟顾正红，我们能眼见着他白白送死吗？还有那些受伤的工友正躺在医院，他们的生活怎么办，我们能不为他们争取利益吗？”有工人接话道：“我们一定要罢工，给那些帝国主义的资本家一些颜色看看，我们没饭吃没关系，还可以喝水。但是不报仇，晚上睡不着觉啊，我们不能像小鸡一样被黄鼠狼吃了。”“对，我们一定要团结起来，要为兄弟们报仇。罢工！罢工！罢工！”杨培生忍不住喊道。紧接着，他就带领工人冲出厂去。英国监工吓得大叫：“小工造反了！小工造反了！”杨培生带领祥生铁厂工人罢工的消息传到了和丰船厂，引起了和丰船厂工人的强烈震动。两厂同属英商耶松船厂公司，工人们也常有往来。和丰船厂几个积极分子不仅从祥生厂带回了很多传单，还向工人们介绍了祥生厂的罢工情况，号召大家开展抵制日货和罢工活动。不久，和丰船厂的工人也关掉机器加入了罢工行列。

5 月 24 日下午，内外棉纱厂工会在谭子湾举行公祭顾正红

5月24日下午，在沪西谭子湾举行的顾正红烈士追悼大会

的大会，工人、学生和各界代表近6万人参加。大会报告了顾正红的生平事迹，恽代英、刘华、杨之华等人在会上先后发表演讲，呼吁工人阶级团结起来，同帝国主义斗争到底。会场上“打倒帝国主义”的口号此起彼伏，公祭大会变成了反对帝国主义的誓师大会。上海大学多名学生因集队去参加公祭大会被捕，文治大学学生为罢工工人举行募捐也被租界当局逮捕。5月27日，大夏、南洋等学校60余个团体800余人集会，成立上海各团体援救被捕学生联合会，决定出版特刊，组织演讲队。中共中央召开了上海大学、文治大学、大夏大学等学校的学生代表会。会议决定：“1. 用散发传单和发表露天演讲的方式来向公众阐明罢工事件的真相；2. 筹款救济因停工而面临困境的工人；3. 如日前那些

被拘捕学生至5月30日仍未被释，则应采取措施使其获释。”① 由此，中国共产党领导下的反帝爱国运动，迅速由一般工人扩展到了青年学生及各社会团体。后因租界当局准备在5月30日审讯被捕学生，中共中央和中共上海地委决定联合各学校进行反侵略宣传，同时定于30日当天下午上街演讲示威。

5月30日，祥生船厂400余名工人与和丰船厂的200余名工人先在跑马厅集合。然后在工人代表杨培生的带领下，祥生工人

1925年5月30日，大批民众聚集在南京路上，准备进行示威游行

① 《警备日报》1925年5月28日。

前面带队，和丰工人后面紧随，在南京路先施公司附近加入了反帝游行的队伍。南京路上到处是演讲和分发传单的学生，杨培生和工人听着学生悲愤的讲述，看着写满帝国主义暴行的传单，他们既为受难的工人难过，又痛恨帝国主义的残暴。此时，游行的队伍越来越长，加入的群众越来越多，抗议的声浪一阵高过一阵，敌人慌了手脚，英国巡捕爱活生下令：“如有不服制止者，准予拘究。”随即，大批的学生被捕。但敌人的威胁并没吓退游行的群众，大家呼喊着口号继续前行。眼看着无法阻拦情绪激动的游行队伍，爱活生突然召集巡捕，下令向游行队伍开枪。一瞬

南京路五卅惨案现场

间子弹横飞，当场打死上海大学学生何秉彝、同济大学学生尹景伊等 13 人，打伤数十人，制造了震惊中外的“五卅惨案”。帝国主义的血腥屠杀点燃了上海人民的怒火。当晚，中共中央举行紧急会议，决定立刻组织行动委员会，建立反帝统一战线，发动全上海人民起来罢工、罢市、罢课。31 日晚上，中共中央继续召开各工会联席会议，决定组织成立上海总工会，由上海总工会领导全市工人罢工斗争。6 月 1 日，工人、学生等在南京路分发传单、进行演讲时，再一次遭到巡捕的开枪屠杀，又被打死 4 人。当天晚上，中共中央决定，由上海总工会联合全国学生联合会、各马路商界总联合会等，组成联合战线性质的上海工商学联合委员会，作为运动的公开指挥机关，将斗争从上海扩展到全国。6 月 2 日，上海工人首先开始罢工，随后学生、商人纷纷以罢课、罢市响应，形成“三罢”高潮。

祥生船厂的工人在全上海工人群众带动下，也积极参加了“三罢”斗争。6 月 6 日，祥生船厂工人参加了在浦东吴家厅举行的工人集会。会上，张佐臣①发表了罢工演讲。当天晚上，祥

① 上海总工会成立后，为了加强对工业集中、工人数量较多区域的领导，在杨树浦、引翔港、浦东、小沙渡、曹家渡、南市等 6 个区域设立带有派出机关性质的办事处。办事处的主要职能为：贯彻执行上总的政策和决议；领导和组织各自区域的工人运动和罢工斗争。其中，张佐臣是上海总工会第三办事处（浦东办事处）的主任。

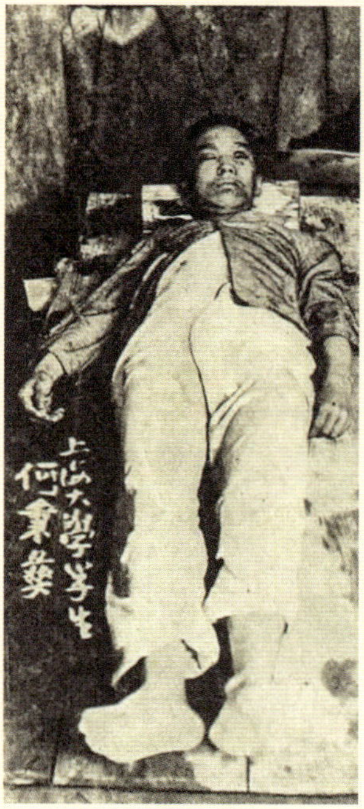

五卅惨案当天，何秉彝带领同学在南京路游行时，遭外国巡捕枪杀

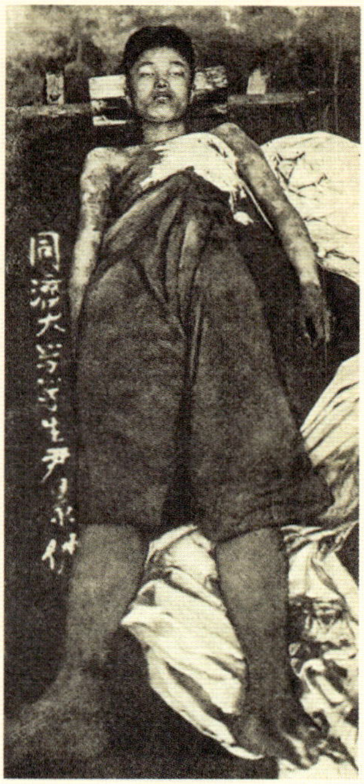

五卅惨案当天，尹景伊被推举为反帝示威的领队，在老闸捕房掩护受伤同学时，遭外国巡捕枪杀

上海总工会成立后，会址最初设在宝山路宝山里2号

五卅惨案现场地形图

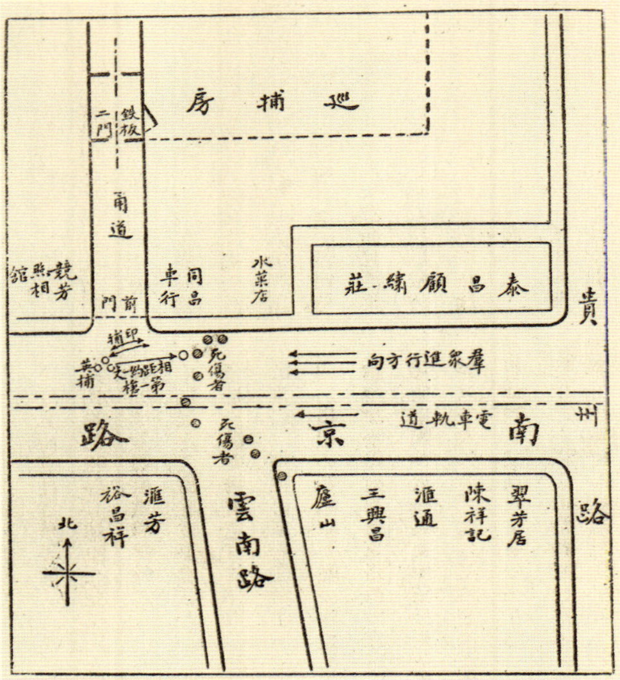

1925 年 6 月 1 日，学生在南京路永安公司门前发表反帝演说

生船厂2000余名工人继续开会，决定从第二天起一律停止入厂工作。6月11日，1000余名工人在杨培生的带领下，从烂泥渡路摆渡过江，前往南市公共体育场参加群众集会。当队伍途经老西门时，迎面走过来一队巡查队，领头的高捧着一支套着黄缎子的令箭，后面的人背着大刀、长枪，队长挂着短枪走在最后面压阵。巡查队拦住了游行的队伍，并下令："散开！谁敢再前进一步，我就开枪了，格杀勿论。"这时，杨培生站了出来："我们是去开会的，洋鬼子枪杀了顾正红，还打伤了那么多工人，你们也是中国人，难道忍心袖手旁观吗？"但是巡查队长不为所动，执意让手下来绑杨培生，工人们眼见不好，就紧紧地将杨培生拥在中间，往体育场奔去。到了林荫路附近，队伍又碰上了军阀李宝章的大刀队。面对大刀队的横冲直撞，杨培生机智地让大家停止呼喊口号，同时改变队形，分散着往前走，不一会便到达南市公共体育场，加入了群众队伍。① 当天会议有500余团体，近10万群众参加，是五卅运动爆发以来，上海第一次大规模的群众反帝集会。会议通过了3项议案：（一）要求交涉员就上海工商学联合会向帝国主义提出的惩凶，赔偿，取消领事裁判权，撤退外国军队，中国人在租界内有言论、出版、集会的自由，工人有组织

① 《杨鸣皋同志谈话记录》，1983年5月26日、29日。杨鸣皋当时是祥生铁厂的样子木匠。1925年前后，他与杨培生一起参加革命工作。

工会和罢工的权利等十七条进行严重交涉，否则电请政府撤任；（二）12 日起，与英、日两国实行经济绝交；（三）限政府于本月 14 日前将 17 条向使团严重交涉，否则将于 14 日实行全国大罢市、罢工、罢课。

同时，为了营救被捕工人早日出狱，并接济罢工工人和受伤工人，党组织开展了募捐活动。据与杨培生一起参加革命工作的纱厂女工施小妹回忆：有一天，杨培生曾到一所大学去募捐。一开始缺乏经验，到了校门口，他不知道怎么开展募捐，需要跟谁

1925 年 6 月 11 日，上海工商学联合会在南市公共体育场举行群众大会。会后群众示威游行，队伍长达 10 余里

五卅惨案发生后，上海各高校学生通过演讲、游行和募捐等形式支持工人。这是上海圣约翰大学学生为悼念五卅烈士，在校图书馆前降半旗致哀

接头。正在为难的时候，他突然灵机一动，想到了一个好主意。他找到了打钟的校工，把五卅运动的经过说了一遍，并提出想借钟楼召集学生来募捐的要求。校工被工人们的精神所感染，立马同意了杨培生的要求。两个人跑上钟楼，“叮叮当当”地敲了起来。这一敲，全校的学生都被惊动，大家跑出课堂，围集到钟楼前面来。看到大批学生拥了过来，杨培生搬了一张四方桌子，跳上桌子就大声向学生演讲起来。他从顾正红被日本资本家枪杀说

起，还原了 5 月 30 日那天在南京路亲眼看到的工人群众被帝国主义残杀的情景，虽然这是他第一次对着这么多学生演讲，但是他毫不胆怯，滔滔不绝，一讲讲了两三个小时，在场的许多大学生听了他的话都哭了。演讲结束后，学生们纷纷掏出钱来，杨培生先用手去接，实在拿不下了就脱下自己的破毡帽去接。眼看着捐钱的学生越来越多，杨培生被围在人群中挣不出来，就索性脱下自己的长裤，把两个裤筒打成结，倒过来装钱。许多囊中羞涩

罢工工人举行示威游行

的学生听了杨培生的讲演，连校徽都摘下来，扔进了他的裤筒。还有的学生脱下身上的长衫交给他，杨培生坚决不要，学生们就自己动手，把长衫一件件折好，解下裤带把衣服捆成一捆，交给杨培生。临走的时候，学生们怕他路上出事，还派了两名代表，护送他回去。①

作为五卅惨案的经历者，杨培生亲眼见到了帝国主义的残

1925 年 6 月 30 日，上海市民在南市公共体育场举行五卅死难烈士追悼大会。图为会场中的五卅烈士血衣亭

① 施小妹口述：《母子闹革命》，少年儿童出版社 1961 年版，第 67 页。

暴、当局的无能以及工人群众的无助。但同时他也意识到，全上海的工人是紧密联系在一起的，大家只有团结起来，共同努力，才能真正将帝国主义赶出中国，才能真正实现工人的利益。但随着“三罢”高潮的到来，他也明白，只有中国共产党是真正代表工人利益的，而且是能够组织广大群众与帝国主义对抗的。杨培生曾对施小妹说，共产党人不是近视眼，他们站得高、看得远。此后，他不仅带领祥生船厂的工人同全上海工人一起坚持罢工，还到附近的招商局内河机厂、日华纱厂、英美烟厂、和丰铁厂等厂去联系，发动工人共同开展斗争。这时，他与中国共产党的联系更加密切了。

领导工人作斗争

1925 年 6 月初，为了更深入有效地开展工人运动，党组织派杨之华[①]和黄藻裳[②]来到祥生铁厂，准备组织发起祥生铁厂工会。他们首先找到的是铁厂工人陶根根，希望通过他来摸清祥生

---

① 杨之华（1900—1973），浙江萧山县人，1924 年参加中国共产党。1925 年任中共上海地委妇女部部长、中共中央妇女部部长等职。1927 年当选为中共第五届中央委员。1925 年，党组织派她和黄藻裳到浦东开辟工作，办工人夜校。

② 黄藻裳（1907—1979），又名黄超裳、黄孟谷，江西玉山县人。1925 年参加中国共产党。曾任共青团上海浦东区委书记、共青团上海吴淞区委书记、中共沪东区委组织委员等职。

厂工人的情况，同时建立起符合祥生厂特点的工会组织。但遗憾的是，陶根根目不识丁，文化程度不高，在具体工作中，碰到了许多困难。因此，杨之华等人只能另找联络人。这时，杨培生进入了大家的视野。祥生厂的工人都说杨师傅为人仗义，愿意替大家说话，而且做事利落，肚子里墨水更是不少。不久后，上总的同志找到了杨培生："杨师傅，五卅惨案的现场你也在，帝国主义太不把我们当人了。那些资本家不停地压榨兄弟们，他们个个发了财，我们连饭都吃不上。所以，我们要联合起来跟他们作斗争。成立工会能够更好地把大家团结起来，将来与资本家作斗争也能事半功倍。你看，你来组织大家一起成立工会怎么样？"话音未落，杨培生立马答道："我一定要把这个工会组织起来，为兄弟们争取利益。"

次日，杨培生就与上海总工会同志一起在祥生铁厂门口搭台演讲、散发传单、书写标语、张贴漫画，向工友们宣传反帝罢工的道理。工人们听后七嘴八舌地对杨培生说："总工会的干部说出了大家的心里话，人多心齐力量大。鸟无头不飞，我们也应该成立工会，领着大家与那些资本家做斗争。""对的对的，我们没有工会的领导和组织，好比八个瓶子七个盖，盖来盖去盖不齐。"一连几天，工厂门口围满了工友。这时，杨培生觉得成立工会的条件已经成熟，就与厂里的另外几个积极分子杨鸣皋、陶根根、

祥生铁厂车间

徐敏畅等商量，在浦东五福弄三德里租了一间房子，并在工友们的一起努力下布置好了桌椅。几天后，祥生铁厂工会成立。因为工作认真负责，杨培生被大家推选为工会第一任会长。当天，工会门口挂出一块白布，上面用红字写着“祥生铁厂工会”。

不久，中共浦东办事处主任张佐臣来祥生厂找杨培生，正式与他接上了关系。张佐臣问杨培生：“老杨，工会最近怎么样？”“工会刚刚成立，还没有什么头绪，我与杨鸣皋他们几个正在商量今后怎么办。大家的心都很热，但是从来没搞过，没什么经验。”听到杨培生的回答，张佐臣先是对大家的热情表示了肯定，又细心地交代他：“现在的局势不好，那些巡捕到处在抓人。我们搞工人运动，必须讲究策略，可以把兄弟们分成几个小组，组成工人纠察队。大家提高警惕，防止坏人钻空子搞破坏。”第二天，杨培生召集工友们一起开会，并和大家分了工，连夜到工人家里拜访，物色了一批工会积极分子。杨培生还将工人名字登记入册①，并按照不同的工种，将工人们以十人为一组，选出小组长。同时，成立了一个工人纠察总队，下设三个小队。祥生铁厂工会的组织就这样健全起来了。

值得一提的是，为了更顺利开展工会工作，杨培生推荐买办唐连琛担任“名誉”会长。工友们一开始想不通，认为唐连琛是资本家的走狗，让他担任“名誉”会长等于提前让敌人知道了大家的动向，不利于今后工会工作的开展。但是杨培生却劝工友们：“大家可能不知道，唐连琛的哥哥唐华九不仅是五金店的老板，还是工商界的头头。通过这个关系，兄弟们可以去虞洽

① 据 1925 年 8 月上海总工会组织科统计，到当年 7 月 28 日，祥生铁厂工会登记在册会员已达 2501 名。

张佐臣（1906—1927），浙江平湖人，1924年参加中国共产党。1925年，任上海总工会第三办事处主任

卿[1]那里领取救济费，大家的斗争才能更长久。我们不能死斗争，要动脑筋。”大家听了他的话，频频点头，都说杨培生是“赛诸葛”。

加入组织增才干

在之后的一段时间里，杨培生与杨鸣皋一起，帮助和丰船厂、董家渡船坞、恒昌祥铁厂、招商局内河船厂、隆茂打包厂等一批工厂建立了工会，而且这些工会均由祥生铁厂工会负责领

① 虞洽卿（1867—1945），浙江慈溪人，时任上海总商会会长。五卅运动期间，擅自修改与帝国主义的交涉条件，提出停止罢市。

导。杨培生他们的工作，得到了张佐臣的称赞。为此，张佐臣有意发展他入党。随后便加强了对杨培生的考察，常常与他谈论工作至深夜。一天晚上，张佐臣照例来到祥生铁厂工会与杨培生讨论工作，还带来了一份中国共产党的机关刊物《向导》周刊，嘱咐他认真阅读。深夜，杨培生逐字逐句地研读着上面的内容，每一句话都写到了他的心坎里，要不是杨鸣皋提醒他快点回家，他几乎忘了时间。回家的路上，杨培生对杨鸣皋说："我活了几十年，到今天才知道中国为什么这么穷，就是帝国主义的侵略造成的。他们开我们矿，运走我们的原材料，刮干我们的血汗钱，弄得我们一块钢板都造不出来。而且他们没有人性，不仅抢走我们的钱，还要我们的命。"回到家后，他继续如饥似渴地阅读《向导》。第二天晚上，杨培生对张佐臣说："我们工人每天干活十几个小时，手脚慢一点不是被那些'拿摩温'打，就是被工厂开除，想想实在太生气了。《向导》让我大开眼界，我们今后一定要与帝国主义作斗争。"张佐臣点头对杨培生说："你说的没错。来，我来教你唱一首歌，叫《国际歌》，这是我们工人阶级自己的歌。这首歌鼓励我们要向帝国主义宣战，共产主义的伟大理想一定会实现，我们工人阶级终有一天会过上好日子的。""起来，饥寒交迫的奴隶！起来，全世界受苦的人！满腔的热血已经沸腾，要为真理而斗争！旧世界打个落花流水，奴隶们起来，起

在建立祥生铁厂工会后，杨培生还帮助耶松船厂工人建立工会。这是耶松船厂码头

来！不要说我们一无所有，我们要做天下的主人！”那天晚上，激昂的歌声在铁厂工会的房间里久久回荡。

几天后，张佐臣郑重地找杨培生谈话，告诉他要做好长期斗争的准备，组织工会仅仅是第一步，后面还有很多重要的工作要做，所以必须加入工人阶级的先锋队——中国共产党。只有在中国共产党的领导下，将来的工作才能更深入更长远地开展下去。听完张佐臣的话，杨培生说道：“老张，我要加入中国共产党，我要为兄弟们做事。虽然现在洋鬼子把共产党看成眼中钉，军阀

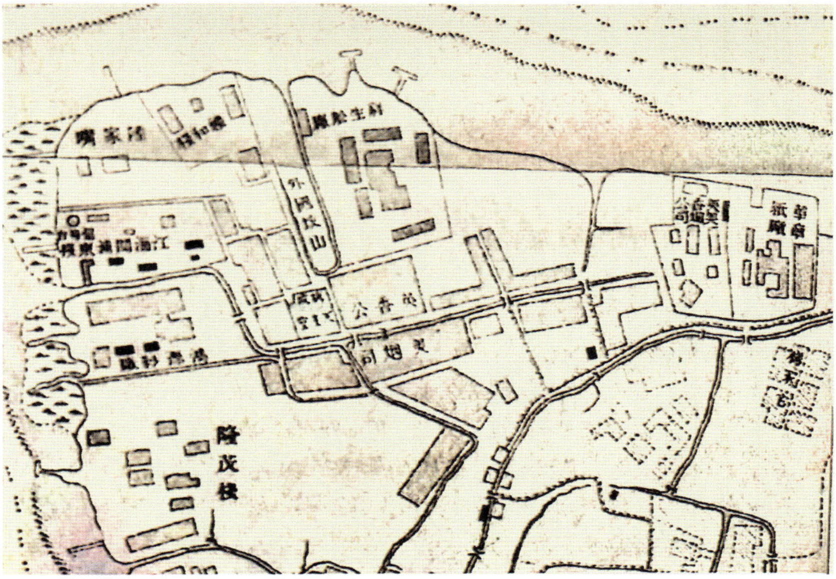

1925 年 6 月，杨培生在祥生铁厂附近的外国坟山荒地上宣誓加入中国共产党

骂共产党是乱党，但是共产党为我们工人群众办事情就是好。即使要砍我的脑袋，我也要参加共产党。”第二天晚上，杨培生按照和张佐臣的约定，穿过祥生船厂边的竹篱笆，来到外国坟山的荒地上。不多时，他就看到张佐臣和杨鸣皋也一起走了过来。张佐臣看到杨培生，高兴地说：“老杨，你已经到啦。来，找个地方，帮我把这个挂上去。”说着，他从怀里掏出了一面鲜红的党旗，交给了杨培生。不一会，他们就将党旗挂到了树枝上。顿时，杨培生感觉心里热乎乎的。张佐臣紧接着说道：“下面，我

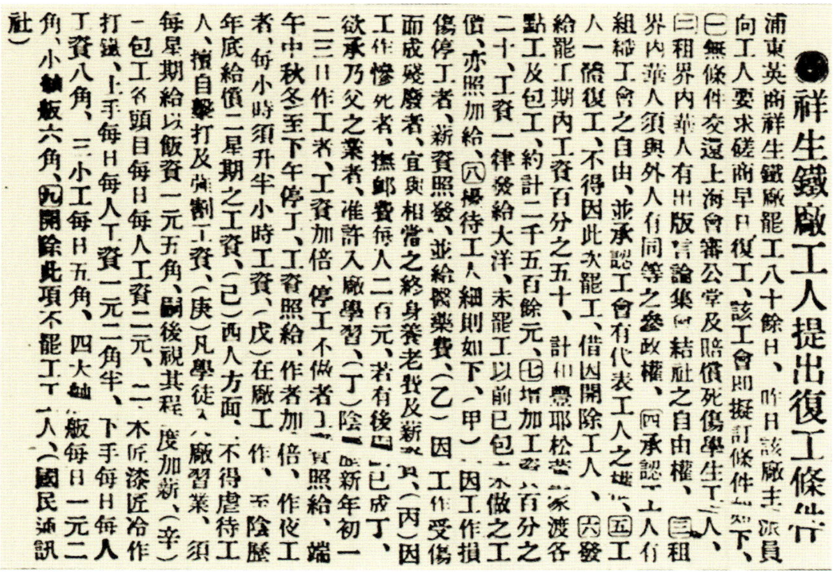

祥生鐵廠工人提出復工條件

浦東英商祥生鐵廠罷工八十餘日、昨日該廠主派員向工人要求磋商早日復工、該工會即擬訂條件如下、(一)無條件交還上海會審公堂及賠償死傷學生工人、(二)租界內華人有出版言論集會結社之自由權、(三)租界內華人須與外人有同等之參政權、(四)承認工人有組織工會之自由、並承認工會有代表工人之權、(五)工人一體復工、不得因此次罷工、借因開除工人、(六)發給罷工期內工資百分之五十、計由豐耶松等家渡各點工及包工、約計二千五百餘元、(七)增加工資百分之二十、工資一律發給大洋、未罷工以前已包未做之工價、亦照加給、(八)優待工人細則如下、(甲)因工作損傷停工者、薪資照發、並給醫藥費、(乙)因工作受傷而成殘廢者、宜與相當之終身養老費及薪資、(丙)因工作慘死者、撫卹費每人二百元、若有後嗣已成丁、欲承乃父之業者、准許入廠學習、(丁)陰曆新年初一二三日作工者、工資加倍、停工不做者工資照給、端午中秋冬至下午停工、工資照給、作者加倍、作夜工者、每小時須升半小時工資、(戊)在廠工作、至險歷年底給償二星期之工資、(己)西人方面、不得虐待工人、擅自毆打及剋扣工資、(庚)凡學徒入廠習業、須每星期給以飯資一元五角、嗣後視其程度加薪、(辛)一包工各頭目每日每人工資二元、二、木匠漆匠冶作打鐵、上手每日每人工資一元二角半、下手每日每人工資八角、三、小工每日五角、四、大灶飯每日一元二角、小灶飯六角、(九)開除此項不罷工工人、(國民通訊社)

1925 年 8 月 31 日,《新闻报》关于祥生铁厂工人提出复工条件的报道

说一句，你们跟着我念一句。”“服从组织，努力工作，坚持真理，牺牲个人，严守秘密，永不叛党。”宣誓完毕，杨培生激动地拉着张佐臣的手，不停地重复：“我永远听党的话！我永远听党的话！”①

此时，轰轰烈烈的“三罢”斗争还在继续。帝国主义对上海

① 《杨鸣皋同志谈话记录》，1983 年 8 月 27 日。据杨鸣皋回忆，杨培生和他是同时入党，因此他对杨培生当时入党的情景记得非常清楚。

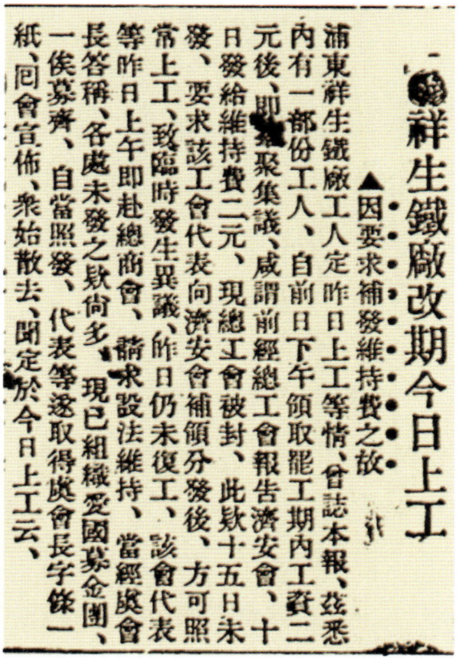

祥生鐵廠改期今日上工

▲因要求補發維持費之故

浦東祥生鐵廠工人定昨日上工等情、曾誌本報、茲悉內有一部份工人、自前日下午領取罷工期內工資二元後、即[illegible]聚集議、咸謂前經總工會報告濟安會、十日發給維持費二元、現總工會被封、此款十五日未發、要求該工會代表向濟安會補領分發後、方可照常上工、致臨時發生異議、昨日仍未復工、該會代表等昨日上午即赴總商會、請求設法維持、當經虞會長答稱、各處未發之欵尚多、現已組織愛國募金團、一俟募齊、自當照發、代表等遂取得虞會長字條一紙、回會宣佈、衆始散去、聞定於今日上工云、

1925年9月25日，《新闻报》关于祥生铁厂工人复工的报道

人民发动的这场斗争，既害怕又仇视，他们采取了分化手段，资产阶级首先屈服，单独宣布停止罢市。工人阶级陷入了同帝国主义孤军奋战的局面。坚持罢工的20余万工人，连同家人都处于饥一顿饱一顿的状态，大家只能依赖救济金生活，祥生厂罢工工人也不例外。但掌握钱款的总商会，谎称没钱来要挟工人停止罢工，为此工人们在领到两个月救济费后，就只能另想办法。恶劣的环境并没有吓退杨培生和祥生厂工人，在杨培生的领导下，大

家又坚持了近两个月的罢工。8月10日，为了适应形势、保存力量，上海总工会改变了斗争策略，提出了最低限度的9条复工条件。9月中旬，上海总工会总务科主任刘少奇召集英商工厂工人代表，具体研究如何在适当条件下复工。接到党组织指示的杨培生开始考虑如何在保证工人最大利益的条件下，与英国老板讨论复工。经过几天的考虑，他找到了祥生铁厂工会"名誉"会长唐连琛，通过他向英国老板提出了复工条件，英国老板为了让工人尽快复工，被迫答应了"不准开除罢工工人、不准打骂工人及增加工人工资"等七项条件。祥生、瑞熔等工厂工人在9月下旬复工。

五卅运动后，全上海各行业工会相继成立，至1925年7月28日止，上海总工会所属工会达117个，会员数近22万人。为加强对各工会组织的领导，在上海总工会的指导下，按系统先后建立了纱厂、印刷、运输等产业总工会。杨培生参与筹建了上海铁厂总工会，这是造船业和机器制造业工会的联合体。8月23日、30日，铁厂总工会筹备会议先后两次在浦东春江码头和上海总工会组织科召开，浦东的祥生、和丰、隆茂，杨树浦的瑞熔、新发、荣公兴，沪南的求新、合新等十余家工厂代表参加了筹备会议。9月13日，上海铁厂总工会在共和路木器工会召开成立大会，杨培生等60余名工人代表参会。会议从早上8点一直开到晚上8

点，推选大会主席团5人，选举杨培生等19人为委员。大会介绍了世界工人运动概况，组织上海铁厂总工会之必要、意义和责任。杨培生在会上代表祥生铁厂工会作了报告，介绍了祥生厂工会的基本情况和组织活动。他的报告得到了大家的一致好评。

在杨培生的努力下，浦东各厂的工会和党团组织有了巨大的发展。其中，祥生厂相继有十余人入党，不久便成立了党支部，杨培生任支部书记。1925年10月，新建立的中共浦东部委下辖祥生厂党支部、日华纱厂党支部、英美烟厂党支部等，其中祥生厂党支部为第一支部。据1925年11月19日浦东部委向上海区委的报告，祥生厂党员已达14人。整个浦东地区的共产党员也从五卅前的4名骤增到120名。而由浦东部委所辖的几个支部中，祥生支部的工作最为出色。

上海工人运动发展的形势越来越好，这引起了反动军阀的仇视。9月18日晚上，奉系军阀发出布告，准备查封上总。当

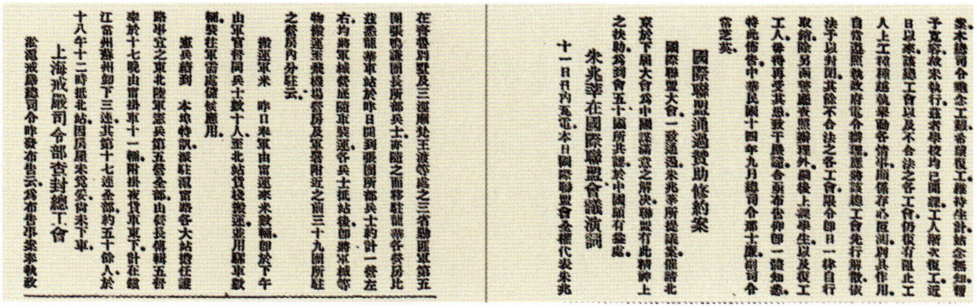

國際聯盟通過贊助條約案

朱兆莘在國際聯盟會議演詞

上海戒嚴司令部查封總工會

上海总工会遭上海戒严司令部强行查封

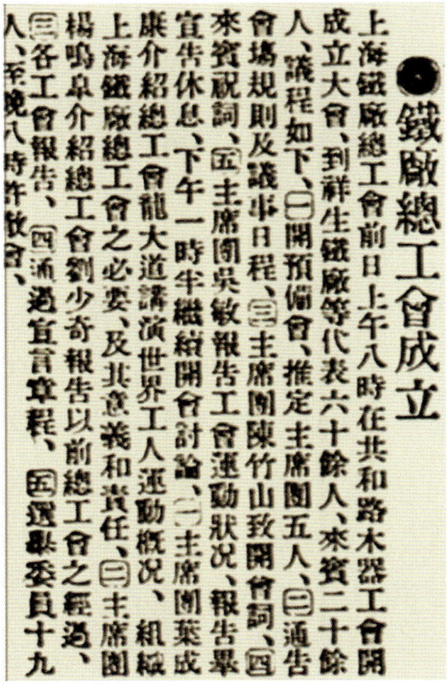

鐵廠總工會成立

上海鐵廠總工會前日上午八時在共和路木器工會開成立大會、到祥生鐵廠等代表六十餘人、來賓二十餘人、議程如下、㈠開預備會、推定主席團五人、㈡通告會場規則及議事日程、㈢主席團陳竹山致開會詞、㈣來賓祝詞、㈤主席團吳敏報告工會運動狀況、報告畢宣告休息、下午一時半繼續開會討論、㈠主席團葉成康介紹總工會龍大道講演世界工人運動概況、組織上海鐵廠總工會之必要、及其意義和責任、㈡主席團楊鳴皋介紹總工會劉少奇報告以前總工會之經過、㈢各工會報告、㈣通過宣言章程、㈤選舉委員十九人、至晚八時許散會、

1925 年 9 月 15 日，《新闻报》关于铁厂总工会成立的报道

晚，上海戒严总司令派出大队军警强行封闭上总，一批工会干部被捕，上总委员长李立三也被通缉。同时，反动军阀还发布消息，污蔑李立三奢侈享受、敛财自私，坐拥汽车美人，出入保镖跟随，他领导下的上海总工会是误导学生的“政客”，“宣传共产的无业流氓组织”。反动军阀的种种恶行引起了全市工人的愤怒，上海木器总工会、杨树浦纱厂工会、铁厂总工会等一批工会，纷纷通电要求启封上总。9 月 24 日，杨培生领导的铁厂总工会会同

纱厂总工会、印刷总工会等各业各厂共117个工会，向全国发表《上海一百十七工会之宣言》。《宣言》指出，上海总工会是上海20余万工人的最高机关，在五卅运动中发挥了积极的作用，国内外反动派强加于上总的种种罪名是污蔑不实之词。反动派压制、捣毁总工会，怂恿和庇护流氓工贼破坏罢工以及逮捕工会职员是对爱国团体的摧残，是亲者痛、仇者快的事。①

① 《上海一百十七工会之宣言》,《工人之路特刊》1925年10月4日。

三

踏上新的征程

YANG PEISHENG

启发民众办学校

新中国成立前教育普及率很低，能上学对于普通百姓是一件非常奢侈的事。根据 1930 年中国各地区入学率统计显示，当年的学龄前儿童近 5000 万人，但入学率仅 22%。由此可见，中国的文盲率极高，像之前所说的陶根根这样的底层工人，大多是不识字的。不识字不仅让工人在与资本家和军阀的斗争中处于劣势，而且也缺乏参与政治运动和经济斗争的主动性，甚至对自身的境遇也处于麻木不仁的状态。因此，中国共产党成立后，非常重视对工人的教育，创办了各种类型的学校，以有效地提高工人的文化水平、政治意识以及参与工人运动的主动性。早在 1920 年，中国共产党早期组织就在上海小沙渡开办了第一所工人半日

五卅运动后，为提高工人的文化水平，各类平民学校相继开办。这是在法租界西区所设的上海工人义务夜校

1920年，上海共产党早期组织派李启汉去沪西小沙渡创办了全国第一所工人学校。这是该校旧址

学校。学校建立后，虽在一开始遭到了冷遇，但随着党组织对课程设置、教学方式的改革，逐渐受到工人的欢迎，成为培养工人骨干的重要阵地。

五卅运动后，为了继续提高工人文化水平，传播革命知识，培养革命的骨干力量，中国共产党准备在杨树浦、引翔港、浦东等几个产业工人聚集的区域开办平民学校。作为浦东办事处的主任，张佐臣接到任务后，立即来找杨培生商量怎么办好平民学校。杨培生表示，祥生厂的工人数量在整个浦东地区是数一数二的，摸清了祥生厂工人的情况，后面就能有针对性地办好学校了。几天以后，他告诉张佐臣，祥生船厂的工人多数不识字。过去，工人们因为不识字，喜欢到茶馆里去听说书，但是书馆里讲的《刘关张桃园结义》《乾隆皇帝下江南》都是些宣传讲义气、听天命、受了欺负不反抗的封建思想。五卅运动时，工厂门口的墙上、马路边的灯柱上贴满了各种布告和标语，但是工人们围在一起只看得懂那些宣传画，或者听识字的人讲解，再不济就只能把拿到的传单带回去请教私塾先生。因此，开办平民学校不仅能帮助工人认字学文化，还能向大家宣传党的理论，培养工人不受欺、要反抗的精神。听了杨培生的话，张佐臣立即发动积极分子投入了开办学校的准备。不久，在杨培生等人的努力下，平民学校在浦东烂泥渡路永吉里办了起来。因为学校招收的是祥生船

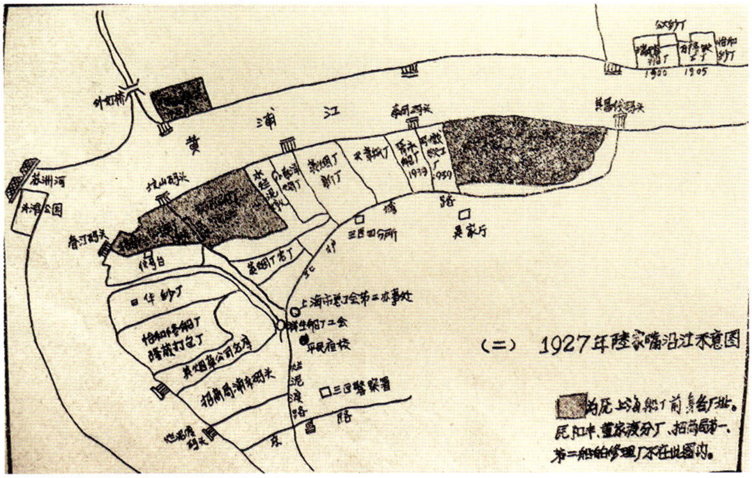

1927 年陆家嘴沿江示意图，其中标明了平民夜校的位置

厂、英美烟厂、日华纱厂及隆茂打包站等厂的工人，考虑到大家白天要上班，所以办的是夜校。学校不收学费，只收二角钱的灯油费，由工会出钱买桌椅板凳。如果人多板凳不够坐，工人可以自己带凳子来听课。

6月下旬，夜校正式开学。第一节课上，老师就给大家展示了两幅由上海大学学生画的漫画，第一幅画画的是一个洋人站在黄浦江畔的轮船上，两眼直勾勾地盯着从岸上滚进船舱的一串串铜钱和一只只元宝。老师问大家这画是什么意思，冷作学徒朱云生答道："洋鬼子仗着洋枪洋炮，将大轮船开到上海滩，吸中国人的血汗，抢老百姓的钞票。"另一幅画画的是外国资本家站在一大石头上，石头下被压的是工人。在场的工人说："这画画出了我们心里想说的话，我们一直被外国资本家欺负。"听了工人们的话，老师在黑板上重重地写了"鸦片战争"几个字，说："80多年前，英国派兵攻打广州，挑起鸦片战争。清朝政府昏庸腐败，屈膝签订了丧权辱国的南京条约。从那时起，黄浦江成为洋鬼子的世界。凭什么中国人饿得面黄肌瘦？凭什么洋鬼子可以在中国土地上作威作福？我们要反抗！"工人们听了老师的话，心里开始翻腾起来。老师紧接着说："你是工人，我是工人，天下工人都是自己人。虽然我们中有些人来自宁波，有些人来自广东，但只要是工人，决不能分帮派，要团结得紧才能打败帝国主

五卅运动后，党组织制作了各类宣传材料，包括许多表现帝国主义对中国人民剥削的漫画

义。”工人们听完老师的话，频频点头。课后，老师还领着大家唱起了《五卅小调》：“五月卅起风潮，帝国主义要打倒，齐心一致向前冲，不平等条约要取消。”因为夜校办学形式活泼，常常用讲故事、组织文娱活动来教授文化知识、宣传革命道理，很快就吸引了越来越多的工人，甚至那些原本在放工后只会去书馆听书消磨时间的工人也被吸引了过来。因为来听课的工人越来越多，夜校的教室实在挤不下，杨培生因陋就简在祥生厂工会楼下放了几条长凳，办起了新的补习班，还请张佐臣、杨之华等过来讲课。工人们在夜校不仅学到了文化知识，阶级觉悟也得到了较快的提升，不少人后来参加了中国共产党，在之后的上海工人三

次武装起义中发挥了积极的作用。工人夜校为培养工人干部奠定了基础，成为了掀起一片燎原之势的火种。

在注重工人文化教育的同时，杨培生还关心工友们的身体健康，他与共青团浦东部委书记曾培洪等在花园石桥大街创办了一所工人医院，请了两位医生，免费为工人治病，工会的影响越来越大，工人也越来越信任杨培生。

开展工运挑重任

1926 年 5 月，上海总工会召开各工会代表会议，会议决定在上海总工会的领导下，努力实现 8 小时工作制和最低工资标准。

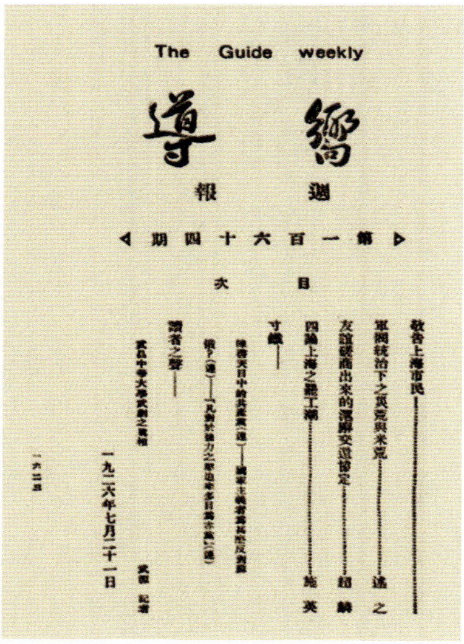
The Guide weekly

嚮導週報

第一百六十四期

目次

敬告上海市民

友誼硬商出來的滬案交涉協定……超麟

四論上海之罷工潮……施英

寸鐵——

讀者之聲——

一九二六年七月二十一日

1922 年 9 月 13 日，中共中央的机关刊物《向导》在上海创刊。1926 年 7 月 21 日，《向导》周刊上刊登了赵世炎撰写的《四论上海的罢工潮》，文中详细记述了上海罢工的情况

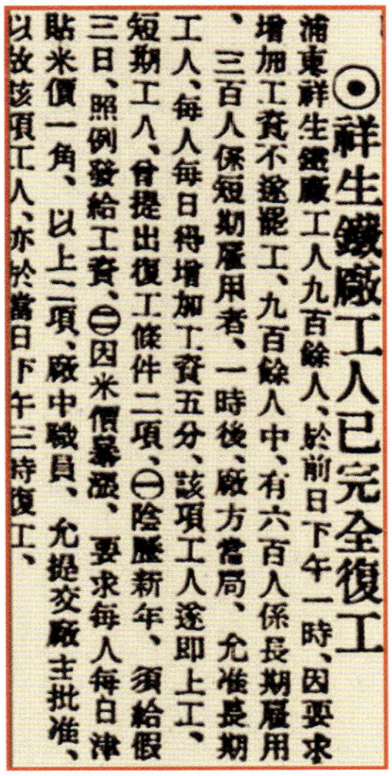
◉祥生鐵廠工人已完全復工

浦東祥生鐵廠工人九百餘人、於前日下午一時、因要求增加工資不遂罷工、九百餘人中、有六百人係長期雇用、三百人係短期雇用者、一時後、廠方當局、允准長期工人、每人每日得增加工資五分、該項工人遂即上工、短期工人、曾提出復工條件二項、㈠陰歷新年、須給假三日、照例發給工資、㈡因米價暴漲、要求每人每日津貼米價一角、以上二項、廠中職員、允提交廠主批准、以故該項工人、亦於當日下午三時復工、

1926 年 7 月 16 日,《时报》关于祥生铁厂工人罢工的报道

5 月 16 日，中共上海区委发出“关于举行大规模五卅纪念运动”的通告。为了减少不必要的牺牲，中共上海区委要求以“和平”方式游行和演讲。5 月 29 日，5000 余人在虹口举行五卅烈士公墓奠基礼。次日，全市举行了统一的罢工、罢课、罢市。纪念五卅周年的活动后，上海的工人运动持续高涨，据施英（赵世炎）在《向导》第 164 期上撰写的《四论上海的罢工潮》中记载：在 6、7、8 三个月中，共发生同盟和单独罢工 112 次，有 275 个工厂企业和手工业行业参加，人数累计达 17 万人次。

7 月 14 日，因英商老板拒不履行五卅运动中答应的复工条

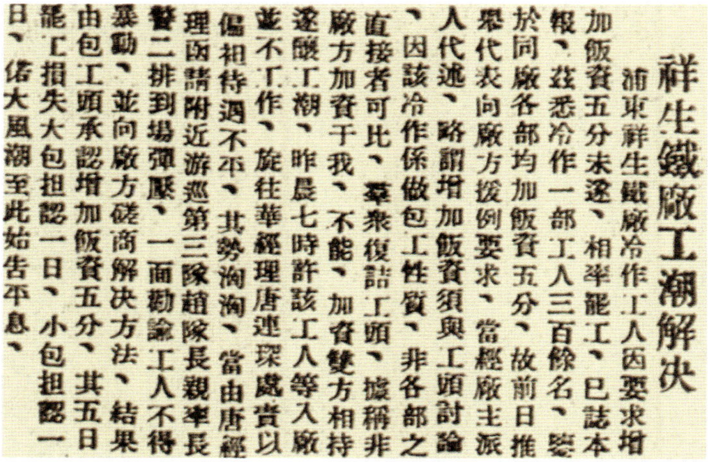

祥生鐵廠工潮解決

浦東祥生鐵廠冷作工人因要求增加飯資五分未遂、相率罷工、已誌本報、玆悉冷作一部工人三百餘名、鑒於同廠各部均加飯資五分、故前日推舉代表向廠方援例要求、當經廠主派人代述、略謂增加飯資須與工頭討論、因該冷作係做包工性質、非各部之直接者可比、羣衆復詰工頭、據稱非廠方加資于我、不能加資雙方相持遂釀工潮、昨晨七時許該工人等入廠並不工作、旋往華經理唐連琛處責以偏袒待遇不平、其勢洶洶、當由唐經理函請附近游巡第三隊趙隊長親率長警二排到場彈壓、一面勸諭工人不得暴動、並向廠方磋商解決方法、結果由包工頭承認增加飯資五分、其五日罷工損失大包担認一日、小包担認一日、偌大風潮至此始告平息、

1926 年 8 月，因英商老板不履行 7 月罢二的复工条件，祥生铁厂工人再次罢工。这是 1926 年 8 月 11 日《民国日报》的相关报道

件，祥生厂 900 余工人在杨培生领导下举行罢工，要求英商老板履行五卅复工条件、每人每日增加一角饭钱、罢工期照付工资以及废除打铁部、冷作部的包工制度①等四项复工条件。经过谈判，英商老板被迫答应长工每人每日增加工资五分，短工增加一角，但包工制度仍旧存在，罢工取得了部分胜利。8 月 10 日，英商老

① 上海造船业中的包工制度最早来源于外商船厂，一般是造船厂将工程通过投标或议价，外包给包工老板，再由包工老板自行招聘工人或再转包出去进行生产。凡与工人有关的招聘、工资支付、解雇等一切责任都由承包的老板负责，厂方不与生产工人发生直接的雇佣关系。包工制度下的工人要比直接受雇于厂方的工人多一道剥削，因此收入往往比一般工人更低。

板出尔反尔，发给冷作部工人工资仍是原来的数目，还狡辩称，其他部门的工资全部是直接给付，冷作部是包工性质，因此不予增加工资。杨培生领导祥生厂全体工人再次进行罢工以支持冷作部工人。但同时，他也认识到，罢工即使再次获得胜利，也极有可能是暂时的胜利，英商老板转眼又会撕毁复工条件。为此，杨培生想了各种办法，最后领着工人找到了铁厂工会的“名誉”会长唐连琛。杨培生对他动之以情晓之以理，既点明了他“名誉”会长的身份，同时也将米价暴涨、工人生活难以为继的情形告诉了他，最后杨培生还跟他算了一笔账，阐明了每天罢工将给英商老板造成多少损失，不如答应工人的条件。唐连琛听了杨培生的话，考虑再三，就跟英商老板进行了沟通，罢工最终获得了胜利。

1926 年 12 月，中共浦东部委①召开代表大会，杨培生负责组织祥生厂相关工作。会议当天天寒地冻，还下起了大雨，不少代表因此迟到，而且应到的 31 名代表中只到了 22 人，平时待人

---

① 1925 年 9 月，为了更好地指导上海各区域工作，扩大党的组织，中共中央扩大执行委员会会议通过的《组织问题决议案》指出：“现在已经要在（上海）区委之下按区域分划几‘部’，组织‘部委员会’。”不久，上海区委按照中央这一决议，按区域划分，在上海建立杨树浦、引翔港、浦东、小沙渡、曹家渡、闸北、南市 7 个部委员会。早在 8 月，浦东成立了中共浦东支部联合干事会（简称中共浦东支联会）。10 月，根据上海区委的意见，在中共浦东支联会的基础上建立中共浦东部委。

亲切、脾气温和的杨培生异常生气，在正式会议开始前，他对与会的代表说：“今天开会有部分同志迟到了，还有的同志索性就没有来参加会议，我知道，今天天气不好，但这都不是迟到旷会的理由。说明有些同志没有党性，把自己看得比党的工作还重。今天这么重要的会，说不来就不来，今后谁还敢把重要的工作托付给你！我们今后开会必须按时到会，如果遇到实在不能来的情况，一定要事先请假，否则就是违反党纪。”杨培生话音刚落，与会的同志热烈地鼓起掌来，几个迟到的同志惭愧地低下了头。此次大会进行了委员改选，杨培生以高票当选为七位部委委员之一，还被同志们选为组织部主任。

当时，正值上海工人第一次武装起义失败后的低潮期，屡屡传来共产党员和工会成员被捕的消息，而一些投机分子看形势不好退出了党的队伍，党员数量一度减少了很多。在这样恶劣的环境下，杨培生并没有退却，反而更积极做好党组织的工作，他组织工纠队、济难会，开展妇女运动、青年运动，向工人群众宣传革命道理。在他的努力下，浦东地区增加了和丰铁厂、南洋烟厂、小轮驳3个支部，支部总数达到了11个。党员总数在几个月中从216名增加到了322名，其中祥生厂有党员40余名，这为后来迎接新的革命高潮——上海工人第三次武装起义，作好了组织上的准备。

四

吹响起义号角

YANG PEISHENG

起义前哨做准备

1926 年 7 月，国民革命军在广州誓师北伐。随着北伐的胜利推进，工农群众运动进入高潮，中共中央强调以上海、广东、湖南、湖北 4 个区域为工作重点，特别指出："上海以自治市的运动发展各阶级反抗军阀统治的联合战线。"上海区委多次召开会议，讨论北伐问题，"现在第一步要人民起来参政，取消条约，北伐即民众参政机会，要召集国民会议促进会，拥护北伐。"因此，上海区委在各行业酝酿，做好发动武装起义的准备。

1926 年 7 月 9 日，国民革命军在广州誓师，正式开始北伐。这是誓师大会现场

江南造船所是旧中国创办最早的官僚资本主义企业，也是我国历史最久、规模最大的近代企业之一，它在近代造船工业中占据十分重要的地位，即使是当时规模较大的上海英联船厂也比它逊色。因此，党组织十分重视对江南造船所工人的组织，委派了对船厂工作十分熟悉的杨培生深入江南船厂，加强对工人运动的领导。当时江南造船所工会还未建立，为了更好地组织工人活动，杨培生先让一部分积极分子参加了南市区①的地下工会活动。据一些参加过地下活动的老工人回忆："我们的工会是南市几个工厂的工人暗地里联合组织的。哪些人参加，一共有多少人，谁也不知道。我们经常在深夜秘密开会，会议的内容是号召大家组织工会，提高工资，打倒军阀，打倒帝国主义。工会通知开会时只有人暗地里通知你，你也不知道他叫什么名字。开会时，没有灯火，只看到密密麻麻的一大堆人，谁也不知道谁是张三李四。领导我们开会的就是杨培生同志。"②1927 年 3 月，在杨培生的努

① 1926 年 12 月，为了更深入地在全市各行业、各区域开展工人运动，上海总工会按区域建立区工会联合会，首先在杨树浦、引翔港、小沙渡、曹家渡、浦东、吴淞建立了区工联。1927 年 3 月，上总将杨树浦、引翔港两个区工联合并为沪东区工联；小沙渡、曹家渡两个区工联合并为沪西区工联，并增设南市、闸北等 8 个区工联。其中，杨培生是南市区工会联合会主任。

② 上海社会科学院经济研究所：《江南造船厂厂史（1865—1949）》，江苏人民出版社 1983 年版，第 172 页。

力下，江南造船所职工会成立大会在下属的翻砂厂正式召开。会议选出了职工会执行委员 17 人，并确定了今后的办公地址设在庆华里。杨培生亲自主持了成立大会，并发出了江南造船所职工会成立宣言：

“今日是我们职工会成立的第一日，我们对于此日，实在是痛定思痛。回想起十余年来，被军阀所唆使的官僚式底所长威胁逼迫，剥夺我们的自由，阻遏我们的运动，把江南造船所，当作他的私产一般。亲戚党羽，分居要位。对外人竭力恭维，以求营业的发展，以遂其卑鄙牟利的野心。每年红利，所长独得万余元，亲戚党羽都满载而去，我们终日营营辛苦的职工人员，倒一文不获。八小时工作，是国际协定，万国一例的，上海各工厂，也都采行普遍，彼竟悍然不顾，强迫工作九小时。尤其令人切齿痛恨的，是订造美舰工程，不惜丧权辱国，替帝国主义者，声张爪牙，造舰侵略我们长江流域各省。这一层我们是一致根本反对的。至于以海军伟大公有产业，供给孙传芳、杜锡珪，充作延长内乱的军费，种种腐败专制的手段，实在是不胜枚举。我们为改造现局起见，为谋自身问题彻底解决起见，早有组织奋斗的决心，无奈受对方的压迫，始终不能成立，但我们所采取的态度，是永久不变的。最近直鲁联军第八军来沪，派人接收造船所，借作筹饷地步。邝所长因其弟被拘，听说是已经赞成移交了，并且勾结该所法律顾问牛耳及毛根（已革职工程师英人），包办交代，不惜把海军伟大的产业，舰队命脉精神所寄，多数人惨淡经营通力合作的事业，卖与军阀，以作乃弟的赎金。我们到现在，实在是忍无可忍，特联合组织群起反对移交，保留造船所一线的命脉，以作将来国家统一时，振兴新海军根本的大计，特此宣言。”①

这是江南厂工人多年来第一次公开反对官僚统治和帝国主义侵略的宣言，为今后保护江南厂的财产和工人利益奠定了坚实的基础。同时，为了更好地在江南厂中发展积极分子，杨培生通过读书、讲故事、文艺演出等形式，向大家宣传革命道理，为此，一批江南厂的同志迅速成长起来。当时，仅在锻工车间就有几十个青年学徒参加了共产主义青年团。据一位老工人回忆：“厂里的工会组织起来后，我们锻工车间的一批青年学徒也很活跃。包工老板便拿停生意来吓唬我们。我们被激怒了，便去找杨培生同志申诉。他便动员我们参加共产主义青年团，以便团结起来同包工老板斗争，还派了一个姓王的同志来帮助我们建团。”此外，还有一批同志向党组织靠拢。

1926 年 10 月，为了配合北伐的推进，上海区委决定举行武

① 《海军江南造船所职工会成立宣言》,《申报》1927 年 3 月 22 日。

江南造船所在杨培生的帮助下，建立了职工会，这为江南职工今后开展统一的工人运动奠定了基础

装起义。杨培生按照上级指示作了起义前的准备，他首先发动党团员和工会骨干组成了一支 200 多人的工人纠察队，还找到材料库的工人，为纠察队准备了一批铁棒、榔头和木棍。同时，根据上级的布置，杨培生还与祥生船厂的工人一起到浦东各处张贴标语，向大家宣传革命道理，与反动军阀展开斗争。面对军阀贴出的“罢工暴动者格杀勿论”布告，大家没有退却，继续为迎接北伐做好各种准备。此外，杨培生为了便于和对岸的同志联系，伪装成一个卖香烟的小贩，住在黄浦江边的一个矮屋里。23 日，上

陶静轩曾任沪西工友俱乐部委员长、上海总工会执行委员等职，参与领导上海工人第一次武装起义，因起义失败被捕，不久遇害

奚佐尧参与领导上海工人第一次武装起义，因起义失败被捕，不久遇害

海区委决定组织武装起义。晚上，各支纠察队和工人群众枕戈待旦，准备参加武装起义。不料，由于有人泄密，当局警察厅早已加强了防范。24日凌晨，原定的要发的起义信号迟迟没有动静，夜间集中待命的纠察队队员纷纷散去，起义以失败告终。此次起义，浦东吴家厅工人起义指挥部等机构被破坏，陶静轩、奚佐尧等一批共产党人被捕牺牲。时任中共浦东部委妇女部部长的施小妹曾在起义后找到杨培生，询问经过。杨培生除了将起义的经过

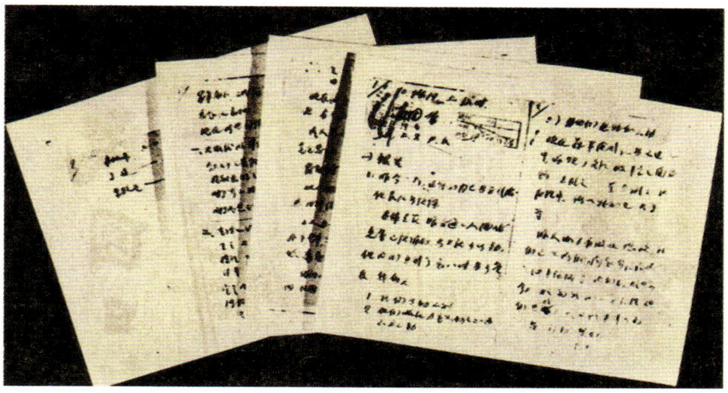

1926年10月19日，中共上海区委主席团举行会议，为第一次武装起义做准备。这是当时的会议纪录

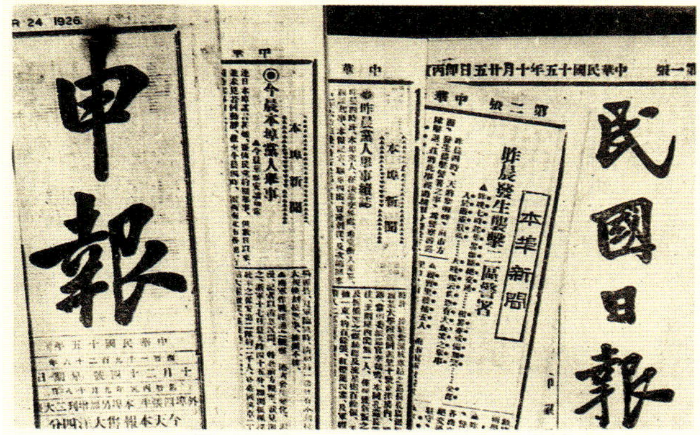

《申报》《民国日报》关于上海工人第一次武装起义的报道

向施小妹讲述外，还耐心地劝解她：“银弟[1]同志，这次起义因为准备工作做得不太好，失败了。但是革命才刚刚开始，不要泄气。前面还有更大的危险和困难。我们共产党人在任何情况下不

① 吴银弟，施小妹的原名。四一二反革命政变后，为躲避敌人追捕，她改名为施小妹。

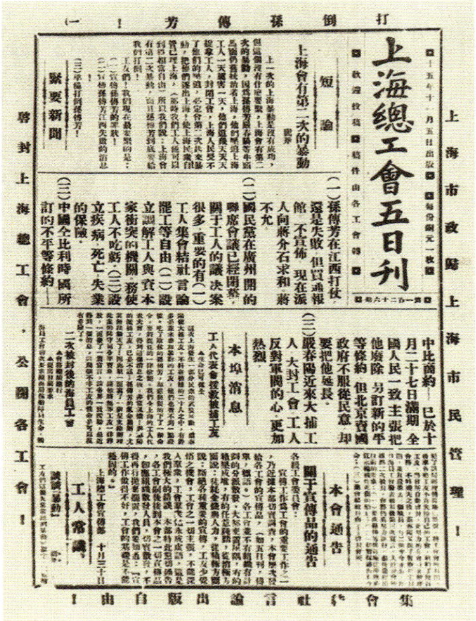

打倒孫傳芳！

上海市政歸上海市民管理！

上海總工會五日刊

一九二六年十一月五日出版　每份銅元一枚

短論

上海會有第二次的暴動

緊要新聞

（一）孫傳芳在江西打仗，還是失敗，但買通報館，不宣佈，現在派人向蔣介石求和，蔣不允。

（二）國民黨在廣州開的聯席會議已經閉幕，關于工人的議決案很多，重要的有（一）工人集會結社言論罷工等自由（二）設立調解工人與資本家衝突的機關，務使工人不吃虧，（三）設立疾病、死亡、失業的保險。

（三）中國全比利時國所訂的不平等條約——中比商約——已於十月二十七日滿期，全國人民一致主張把他廢除，另訂新的平等條約，但北京賣國政府不服從民意，却要把他延長。

（四）殿春陽近來大捕工人，大封工會，工人反對軍閥的心，更加熱烈。

本埠消息

工人代表會援救被捕工友

二次被封後的海員工會

本會通告

關于宣傳品的通告

工人常識

啓封上海總工會，公開各工會！

集會結社言論出版自由！

第一次武装起义虽告失败，但上海工人坚强不屈，准备第二次起义

能失去信心。”

1927 年 2 月，杨培生被选为中共上海区委候补委员，16 日，他参加区委委员第一次全会。大会总结了第一次起义失败的教训，并完全同意中共中央决定发动全市总罢工和第二次武装起义的决定。上海区委和上海总工会认为发动总同盟罢工和武装起义的时机已经成熟，决定“有一个工人为主的武装暴动，主要的（是）总罢工，次要的（是）武装继续”。会后，杨培生开始领导铁厂总工会，组织工人秘密筹集运送武器，训练武装纠察队。当

时，纠察队最缺的就是武器，许多队员把家里的菜刀、生锈的梭镖都拿了出来。杨培生知道后，笑着对大家说：“虽然现在只有这些武器，但只要把敌人赶跑了，我们就有枪和子弹了。武器少了点没关系，我们想想法子，大家看看有没有办法发明点武器出来。”在杨培生的号召下，大家都开始想办法。最有意思的是，纠察队的队员把鞭炮放在空火油桶里，一旦点燃，“乒乒乓乓”乱响，远远一听，就跟机关枪的声音一模一样。后来在第三次武装起义中，纠察队用过这个“武器”，吓得浦东烂泥渡的警

武装起义时浦东地区工人储藏枪支的地下通道

察不敢出来站岗，以为北伐军打进上海了。此外，因为第一次工人武装起义的发动，让军阀当局提高了警惕，马路上到处是搜查的警察。因此，如何将筹集到的武器送到大家的手中，也是纠察队队员要解决的难题。据杨鸣皋回忆，一次他和徐敏畅接到了杨培生布置的任务，要去市中心运送枪支回浦东。事先，杨培生将取枪的时间、地址和与对方见面的暗号都告诉了杨鸣皋。还对他说："这是我们起义要用的武器，得来非常不容易，要注意保护，千万不能有失。"第二天，杨鸣皋和徐敏畅按照杨培生的嘱咐，与接头人见了面。对方除了给他们一支手枪外，还给了三只饼干罐。原来，这三只饼干罐中，只有上面两只是饼干，最下面的那只装的是子弹。当杨鸣皋他们准备坐小舢板回浦东时，不巧碰到了警察搜检。杨鸣皋一看，警察小头目是自己的邻居，便主动走上前跟那小头目套近乎，并指着徐敏畅说："这是我们兄弟，今天买了几罐饼干给家里的小孩吃。来，你也尝尝。"说着就顺手打开饼干罐，抓了一大把饼干，塞到这个警察手里。警察见状，对他们挥挥手，让他们快点离开。当时，纠察队队员们就是靠想各种办法，来完成组织交给的任务。

1927 年 2 月 19 日，在上海总工会的号令下，全上海的工人开始举行总罢工。到 2 月 22 日，参加罢工的人数已达 36 万，包括祥生、瑞熔、求新等 10 多个铁总下属的工会组织。面对全市

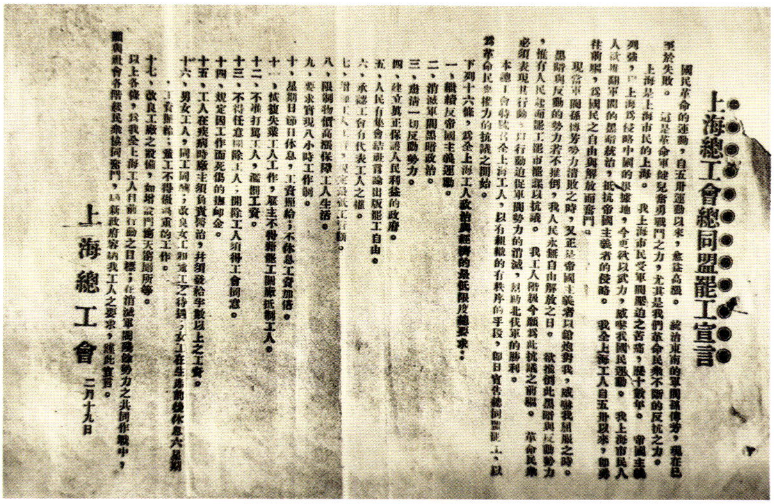
上海總工會總同盟罷工宣言

國民革命的運動，自五卅運動以來，愈益高漲。統治東南的軍閥孫傳芳，現在已至於失敗。這是革命軍健兒奮勇戰鬥之力，尤其是我們革命民衆不斷的反抗之力。

上海是上海市民的上海。我上海市民受軍閥壓迫之苦痛，歷十數年。帝國主義列強，以上海爲侵略中國的根據地，今更欲以武力，威嚇我國民運動。我上海市民人人欲推翻軍閥的黑暗統治，抵抗帝國主義者的侵略。我全上海工人自五卅以來，即勇往前驅，爲國民之自由與解放而奮鬥。

現當軍閥孫傳芳勢力潰敗之時，又正是帝國主義者以槍炮對我，威嚇我屈服之時。黑暗與反動的勢力若不推倒，我人民永無自由解放之日。欲推倒此黑暗與反動勢力，惟有人民起而罷工罷市罷課以抗議。我工人階級今願爲此抗議之前驅。革命民衆必須表現其行動，以行動迫促軍閥勢力的消滅，援助北伐軍的勝利。

本總工會特號召全上海工人，以有組織的有秩序的手段，即日宣告總同盟罷工，以爲革命民衆推力的抗議之開始。

下列十六條，爲全上海工人政治與經濟的最低限度總要求：

一、繼續反帝國主義運動。
二、消滅軍閥黑暗政治。
三、肅清一切反動勢力。
四、建立真正保護人民利益的政府。
五、人民有集會結社言論出版罷工自由。
六、承認工會有代表工人之權。
七、增加工人工資，規定最低工資額。
八、限制物價高漲保障工人生活。
九、要求實現八小時工作制。
十、星期日節日休息，工資照給；不休息工資加倍。
十一、恢復失業工人工作，雇主不得藉罷工開廠抵制工人。
十二、不准打罵工人，濫罰工資。
十三、不得任意開除工人；開除工人須得工會同意。
十四、規定因工作而死傷的撫卹金。
十五、工人在疾病時廠主須負責醫治，并須發給半數以上之工資。
十六、男女工人，同工同酬；改良女工和童工之待遇；女工在生產前後休息六星期，工資照給；童工不得做過重的工作。
十七、改良工廠之設備，如增設門窗天窗厠所等。

以上各條，爲我全上海工人目前行動之目標；在消滅軍閥殘餘勢力之共同作戰中，願與社會各階級民衆協同奮鬥，并請新政府容納我工人之要求，特此宣言。

上海總工會 二月十九日

1927 年 2 月 19 日，上海总工会发表宣言，号召上海工人举行总同盟罢工

罢工工人，军阀李宝章派出了大刀队进行镇压，当时有很多工人因为散发、传阅传单被杀。祥生铁厂的冷作工朱长林也遭杀害，并被悬首示众。公共租界内被捕的铁厂工人有 12 人之多。但是，敌人的屠杀并没有吓倒上海的工人，他们开始与敌人进行武装斗争。而在激烈的斗争中，杨培生根据上海区委指示，在原“铁总”基础上成立了全市金属业总工会①。2 月 21 日，祥生铁工厂、

① 1925 年 12 月 1 日，中共上海区委决定在撤销上总办事处的同时，建立纱厂、铁厂、印刷、邮电、海员、码头 6 个产业总工会。1926 年 6 月，又增设店员、手工业两个产业总工会。1927 年 1 月，产业总工会扩充至 12 个。1927 年 3 月，上总领导下的产业总工会调整至 16 个。

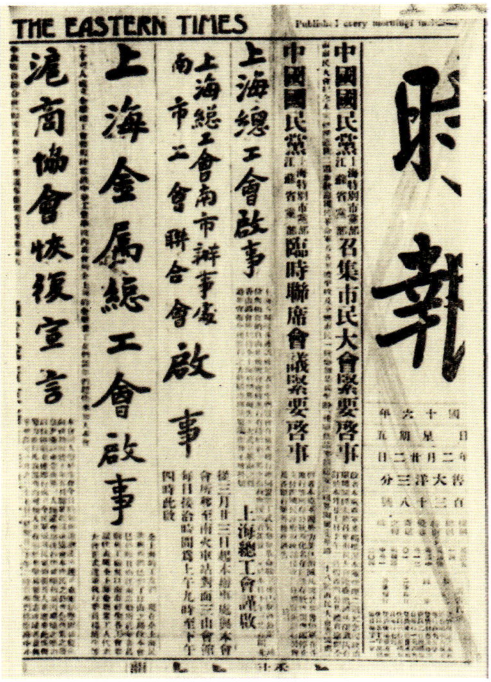

THE EASTERN TIMES

時報

中國國民黨上海特別市黨部 江蘇省黨部 召集市民大會緊要啓事

中國國民黨上海特別市黨部 江蘇省黨部 臨時聯席會議緊要啓事

上海總工會啟事

上海總工會謹啟

上海總工會南市辦事處 南市工會聯合會 啟事

茲二月廿三日起本辦事處與本會會所移至南火車站對面三山會館每日接洽時間爲上午九時至下午四時此啟

上海金屬總工會啟事

滬商協會恢復宣言

1927 年 2 月 22 日,《时报》关于成立金属业总工会的报道。杨培生在不久后担任金属业总工会委员长

江南制造局、高昌庙兵工厂等金属业工人召开代表大会，正式选举以杨培生为首的 23 人为执行委员。2 月 22 日，中共上海区委发布特别紧急通告，动员上海市民举行起义。于是，总同盟罢工转为第二次武装起义。上海工人第二次武装起义虽然发动，但终因没有统一的行动而遭到失败。23 日，中共中央和上海区委为了避免损失，保存力量，决定停止此次暴动，养精蓄锐，为下一次

总同盟罢工开始后，上海防守司令部于2月21日贴出了“格杀勿论”的布告

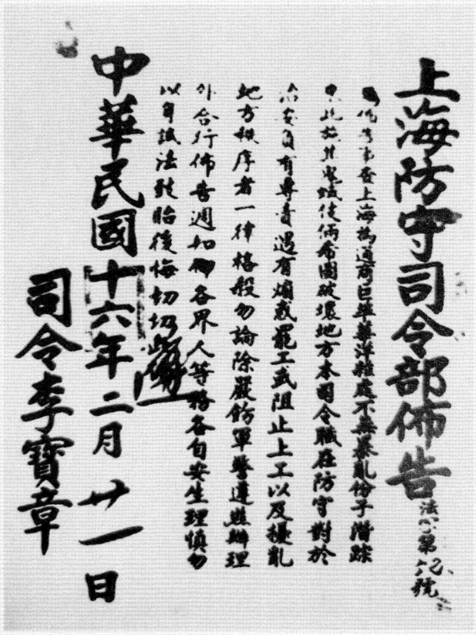
上海防守司令部佈告 法字第 號

為佈告事查上海為通商巨埠華洋雜處不無暴亂份子潛踪
其間此茲共黨煽惑徒倘希圖破壞地方本司令職在防守對於
治安負有專責遇有煽惑罷工或阻止上工以及擾亂
地方秩序者一律格殺勿論除嚴飭軍警遵照辦理
外合行佈告週知仰各界人等務各自安生理慎勿
以身試法致貽後悔切切此佈

中華民國十六年二月廿一日

司令李寶章

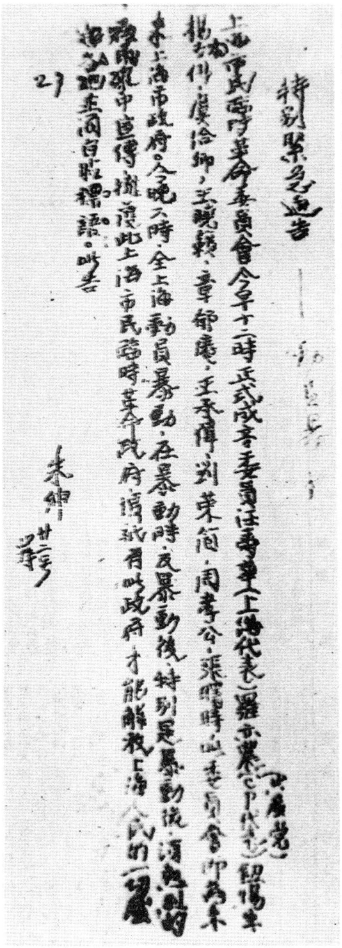
特別緊急通告

上海市民臨時革命委員會今早十二時正式成立委員汪壽華（上海代表）羅亦農（CP代表）……

……今晚六時全上海動員暴動在暴動時及暴動後特別是暴動後……

1927年2月22日，中共上海区委发布特别紧急通告，总同盟罢工转为第二次武装起义

第二次武装起义中，工人、学生和其他群众在老西门一带与军警对峙

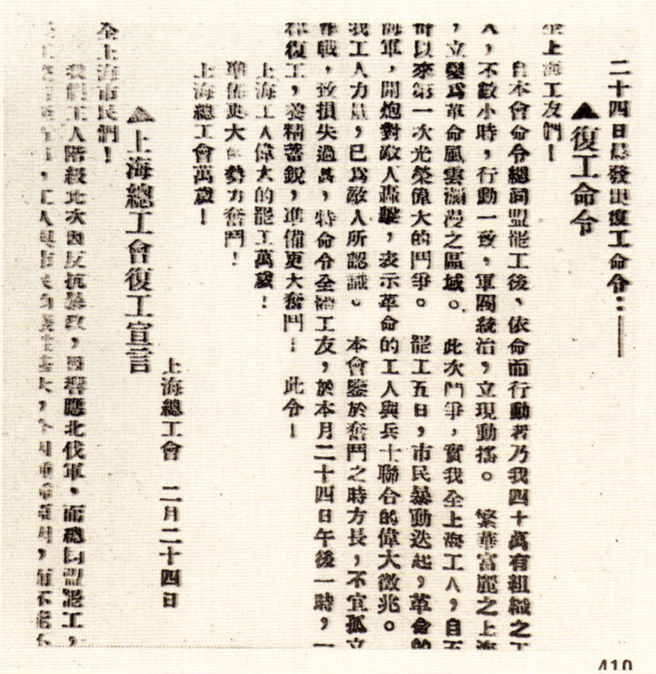

二十四日晨發出復工命令：——

▲復工命令

全上海工友們！

自本會命令總同盟罷工後，依命而行動者乃我四十萬有組織之工人，不數小時，行動一致，軍閥統治，立現動搖。繁華富麗之上海，立變爲革命風雲瀰漫之區域。此次鬥爭，實我全上海工人，自有以來第一次光榮偉大的鬥爭。罷工五日，市民暴動迭起，革命的海軍，開炮對敵人轟擊，表示革命的工人與兵士聯合的偉大徵兆。我工人力量，已爲敵人所認識。本會鑒於奮鬥之時方長，不宜孤立作戰，致損失過甚，特命令全體工友，於本月二十四日午後一時，一律復工，養精蓄銳，準備更大奮鬥！此令！

上海工人偉大的罷工萬歲！

準備更大的勢力奮鬥！

上海總工會萬歲！

上海總工會 二月二十四日

▲上海總工會復工宣言

全上海市民們！

我們工人階級此次因反抗暴政，歡響應北伐軍，而總同盟罷工，

410

1927 年 2 月 24 日，第二次武装起义受挫后，为了保存力量，上海总工会发出复工命令，并积极准备第三次武装起义

的斗争做好准备。杨培生也在组织的安排下，投入到了下一次斗争的准备中。

敢作敢为振士气

1927 年 2 月 23 日，中共中央和上海区委举行联席会议，会上作出了“扩大武装组织，准备（第三次）暴动”的决定。为了加强领导，会议还决定成立领导和组织第三次武装起义的最高决

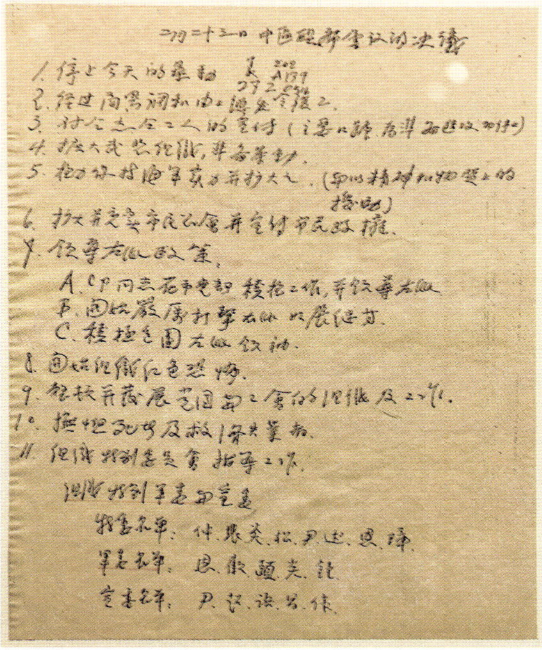
二月二十三日中区联席会议的决议
1. 停止今天的暴动
4. 扩大武装组织，准备暴动。
6. 扩大并充实市民公会并宣传市民政权。
C. 积极包围右派领袖。
11. 组织特别委员会指导工作。

1927 年 2 月 23 日，中共中央和上海区委举行联席会议的记录

策机构和指挥机关——特别委员会。之后，特委会总结了前两次起义失败的教训，对第三次武装起义作了周密的准备。

起义前夕，杨培生常常来到杨鸣皋家中与他讨论起义的准备事宜。一天晚上，他身藏手枪，穿过一条小路，摸黑再次来到杨鸣皋家中。不多久，上海总工会的同志、浦东各厂的十几个地下党负责同志陆续过来，讨论武装起义的准备进度。为安全起见，他们还派人在门后望风，生怕有人破坏。杨鸣皋悄悄地对上总的召集人说："前后都有门，还有边门，周围弄堂多，能进能退。"上总召集的同志点点头，接着对大家说："同志们！北伐军已包

第三次武装起义前重要会议地——西门路西城里173号（今自忠路381号）

围上海，我们党决定马上组织第三次武装起义！全市分七个战区，同时发动，先罢工，迅即转入暴动。吃一趟亏学一回乖，我们要吸取前两次起义失败的教训，这次要统一行动，一气呵成。我们拿惯了榔头，不懂军事常识，夜战不行，加上夜里敌人的岗哨多戒备严，这次改在白天起义。”这时，有人反映枪支弹药奇缺。杨培生听后，立马接话道：“我们人多心齐，对敌人展开突然袭击，打他个措手不及，一定能从敌人手中夺取枪械来武装自己。”随后，召集同志又掏出了一张纸，在浦东地图上画着进攻的路线、目标和各厂分工，还吩咐要以祥生船厂拉的汽笛为起义信号。他告诉大家，这次浦东纠察队的进攻线路是先攻下春江码头的警察和警察四分所，占领烂泥渡铁板桥三区警察署，然后挺进老白渡俞家庙军营，最后攻打钦赐仰殿的军阀骑巡队。并在起义的前几天，会派人观察地形、位置及方向。随后，大家进行了分工，杨培生接受了发动各厂工人的任务。

此后，杨培生白天通过祥生厂物料间的工人准备洋元、榔头木柄，秘密发动工人做木棍、铁棒。晚上，又联络附近的党员和工人积极分子到春江路10号楼上，为起义当天作准备。几个女工在一起，把一面面小彩旗粘在小竹棒上。其他同志则写着“武装起义，打倒军阀政府”等标语。正当大家有说有笑，讨论着起义以后工人们的生活将会大不同时，杨培生悄悄地提醒道：“小声点，不能被敌人发现。我们的好日子在后头呢！”同时，他开始物色运输武器的同志。几经考虑，杨培生把这个任务交给了施小妹，并帮她想好了过江的办法。他让施小妹抱着孩子，伪装成很少出门的农村妇女，一旦碰到警察搜查，就让施小妹拍一下孩子。果然，最后因为孩子的哭闹，避过了警察的搜检，施小妹顺利地将枪支从虹口运到了浦东。临近起义的前几天，杨培生通过地下工会，发动江南造船所工人准备武装起义。一个曾参加地下工会活动的老工人回忆说：“3 月 20 日，接到今晚 12 点开会的通知，我准时到了约定的地点。会场同样没有火光，约莫 20 多人围在一起，大家就像上阵前的战士听取首长布置战斗任务一样的紧张、严肃而镇静。会议开始了，我们听到了杨培生同志熟悉而

上海工人第三次武装起义期间，工人收藏枪支的阁楼

为准备第三次武装起义，中国共产党吸取了前两次武装起义的教训，在各个区积极扩大工人武装并秘密进行军事训练。这是起义工人在操练

又激昂的声音。他一开头便兴奋地说：‘同志们，我们受苦、受难受压迫的日子快要过去了，天快亮了！’他把北伐胜利的消息和反动军阀慌张失措的有利形势，一一告诉了我们，接着便宣布：‘按总工会的命令，明天中午，全市举行第二次总同盟罢工和第三次武装起义，打倒军阀和洋鬼子。大家应做好准备按计划行动。’”①那天晚上，杨培生简要讲述了第一、第二次武装起义失败的原因，分析了当时的形势，布置了总罢工的时间、步骤及

① 上海社会科学院经济研究所：《江南造船厂厂史（1865—1949）》，江苏人民出版社 1983 年版，第 175—176 页。

起义的信号，详细说明了几个据点敌人的火力。会议结束后，杨培生还特意留下几位工人党员，作了个别部署，要他们充分带动工人，积极投入到起义中。因为事先作了充分的准备，江南造船所的工人在随后的起义中发挥了作用。

1927 年 3 月 20 日晚上，北伐军东路军进入龙华，上海处于北伐军四面包围中。次日清晨，上海区委作出发动第三次武装起义的决定。上午 9 时，上海市民代表会议常委会举行紧急会议，决定当天中午 12 时起举行全市总同盟罢工、罢课、罢市，并立即举行武装起义。同时发布了全市总同盟罢工、罢课、罢市的命

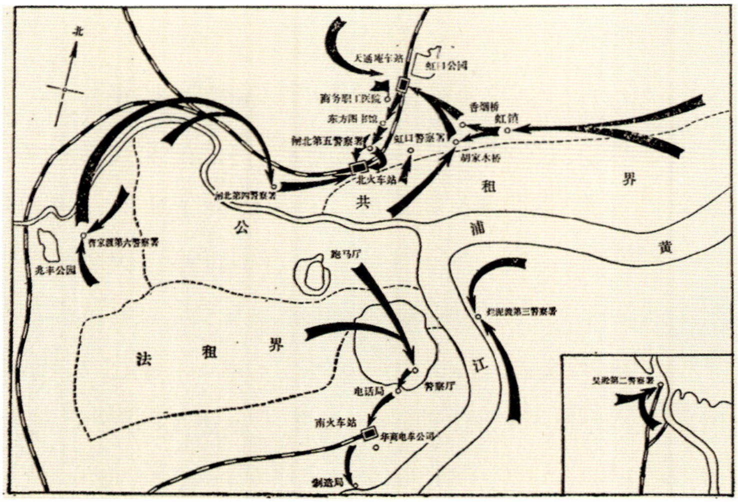

上海工人第三次武装起义示意图

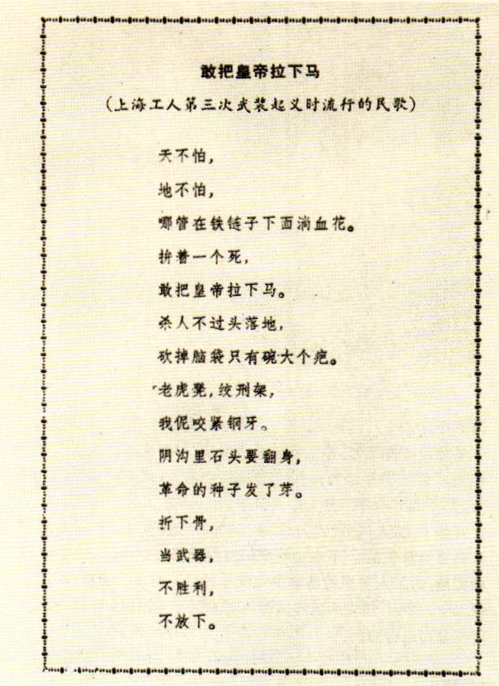

敢把皇帝拉下马

（上海工人第三次武装起义时流行的民歌）

天不怕，
地不怕，
哪管在铁链子下面淌血花。
拚着一个死，
敢把皇帝拉下马。
杀人不过头落地，
砍掉脑袋只有碗大个疤。
老虎凳，绞刑架，
我伲咬紧钢牙。
阴沟里石头要翻身，
革命的种子发了芽。
折下骨，
当武器，
不胜利，
不放下。

据施小妹回忆，第三次武装起义前夕，军阀政府杀红了眼，但是大家并没有被吓倒，反而相互鼓励继续斗争。这是当时工人中流行的一首歌谣

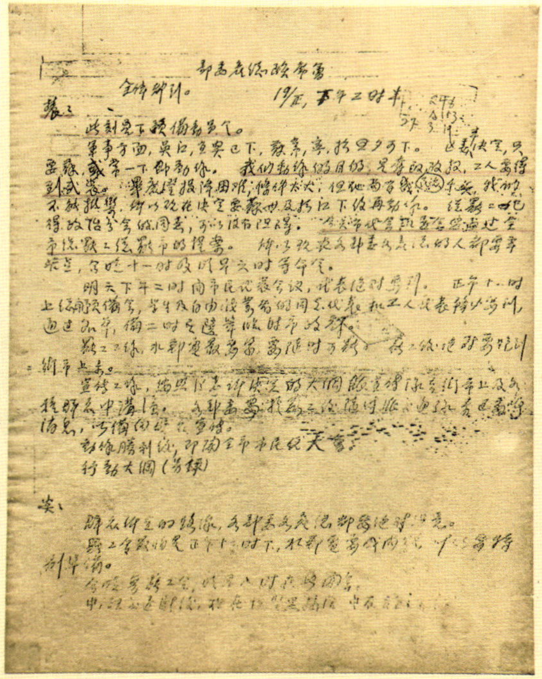

1927年3月19日下午，中共上海区委在区委联席会议上发布第三次武装起义的预备动员令

令。参加罢工的人数达到了八十万，全市工人几乎全部投入了这次伟大的斗争。下午，起义正式开始。南市区打响了起义的第一枪。南市区的部分工人武装在杨培生的指挥下，工人纠察队的队员有的拿着木棍、斧头，有的拿着旗子，立即行动起来。江南造船所的工人在党员和积极分子的带领下，涌出厂门，加入了起义的队伍。而在浦东，按照事先的安排，祥生船厂的锅炉间工人早把水汀烧足，等待着起义那一刻的到来。下午一时，祥生厂工人便按照上级指示，拉响了汽笛。"呜……呜……呜……"，在汽笛声的召唤下，祥生厂的工人手拿木棍、榔头，隆茂栈的码头工人扛着铁棒，英美烟厂和小南洋烟厂、日华纱厂工人手里挥着事

上海邮务工人在起义中驱车前往闸北参加战斗

先预备好的旗子，在祥生厂门口集合，大家喊着：“打倒军阀政府！”“取消不平等条约！”“弟兄们！从前我们手无寸铁，受尽了帝国主义和军阀的迫害，吃不饱饭，抬不起头，我们只有站来打倒他们，才能过好日子！”在起义召集人的动员下，工人们身系二寸宽红领巾，兵分三路，一路封锁江面，一路包抄警署，最后一路从正面进攻。经过4个小时的战斗，浦东起义获得全胜。当天晚上，浦东各界成立了浦东临时保卫局，并选出了400余人组成工人自卫团，一律武装维持秩序。另有纠察队数百人，协助维持浦东地方秩序。因此，浦东一带市面镇静如常，各商号照常开市。傍晚，随着北火车站被工纠队攻占，上海工人第三次武装起义取得全面胜利。

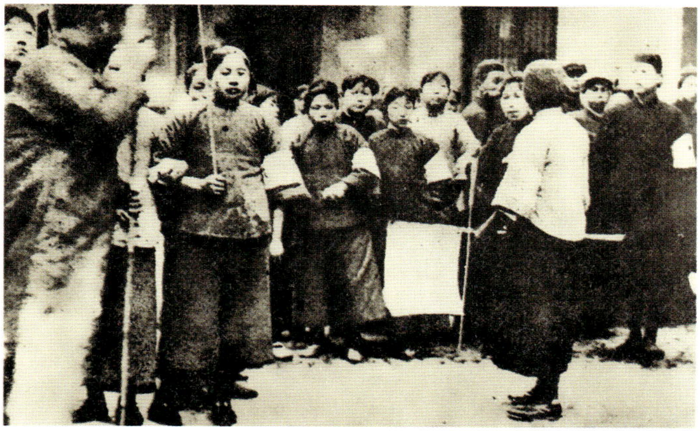

商务印书馆女工组织救护队参加第三次武装起义

闸北工人纠察队和上海大学学生纠察队攻占闸北警察署。这是攻占后的现场

浦東臨時保安局成立

駐浦東前國民革命軍第三師二團張團長前晚九時柬邀當地紳商領袖各工會代表及保衛團救火會等重要職員在黨部開會、討論地方治安辦法、總工會執行委員張良惠亦參與會議、決以三區警署改爲浦東臨時保安局、設秘書會計庶務書記審判執法籌款檢查收械警務等十處、公推張叔平許實銘爲正副局長劉祖雲陳欽章張錫華潘志文夏佩蓀爲籌款員並挑選年力精壯者四百餘人爲工人自衞團一律武裝維持秩序另有糾察隊數百人、協同保衛團出防、故市面鎮靜如常、各商號已有多數於昨晨照常開市、茲將保安局佈告錄後浦東臨時保安局正副局長張叔平許實銘昨會銜發出佈告、照得革軍到處各界響應、凡屬軍民均同一體、本局負有保衛地方維持秩序之責、故特招集會議分別進行、如有匿藏械彈及其他違禁物品、限二日內一律交局、如有違犯、定按私藏軍火論罪、其商店舖戶暫緩開門、俟秩序略定再行通告開市、合行佈告、仰各週知、此佈、

浦東洋涇鎮、昨日上午有各廠技工人千餘人執旗游行經過該鎮、三區三分署警察聞訊紛紛攜械離署、一時人心驚慌、商舖罷市、當由該鎮保衛團長潘光啓董事潘志文潘作人等深恐流氓勾結客籍匪徒乘機搶劫、立即發出緊急命令、召集全體團員齊集團本部武裝戒備、由潘團長指派分組出防、洋涇橋北定水橋東西柵口市公所門首各要隘均派團員防守、幷開導警察、任從民意回署照常服務、改懸淞滬公安局三區二分署並扯青天白日旗幟並勸各舖門市照常營業、一面由副隊長諸鑫洲協同張樓十八間等處保衛團員不分晝夜、往來梭巡、以資切實防範、

1927 年 3 月 23 日《民国日报》关于起义后浦东成立临时保安局的报道

担纲工会委员长

1927 年 3 月 22 日，4000 余代表在南市九亩地新舞台召开第二次市民代表会议，选举产生了上海市政府委员 19 人，组成上海临时政府，其中包括罗亦农、汪寿华等 10 位党团员。次日上午，上海临时市政府开始在南市蓬莱路上海县署办公。29 日，上海特别市政府在新舞台召开大会，举行市政府委员就职典礼。

3 月 27 日，上海总工会在湖州会馆召集各工团代表举行全上

上海工人第三次武装起义胜利后，上海特别市临时市政府第一次执行委员会成员的合照

海工人代表大会，欢庆胜利。会议原本定于上午8时召开，但由于租界当局得知南北市要开会的消息后，将各交通要道一律阻断通行，沪东浦东一带多数工会不能越境参加，开会时间不得不延至中午11点。参加的工会团体有上海邮务总工会、电车总工会、手工业总工会等1000多个，还有军政学界300多个工团参加，包括国民革命军第一军第一师政治部、共产主义青年团、上海大学学生会等。会上，推选郑覆他、汪寿华等6人组成主席团。汪寿华在会上向大家报告了上海工人三次武装起义的经过，分析了

上海各界人民在南市公共体育场举行市民大会，拥护新生的市民政府

前两次起义失败的原因，总结了第三次起义成功的经验，并提出了今后要继续为改善工人待遇、提高工人地位和知识水平、统一工人运动、重申工会纪律等努力。大会一致通过致电国民政府、收回租界、工人武装自治、肃清一切反动势力、巩固民众政府等十三项决议。会议还选举了新一届执行委员会，选出正式委员汪寿华、杨培生等40人。24日，上海总工会机关迁至湖州会馆挂牌公开办公。28日，中共上海区委主席团会议议定上海总工会由7名常委组成：汪寿华任委员长，杨培生任副委员长。此前，杨

起义胜利后，上海总工会委员长汪寿华（台上中立者）在上海工人纠察队成立大会上讲话，号召工人武装起来，肃清一切反动派

工人群众冒雨游行，庆祝武装起义胜利

培生已担任上海总工会金属业总工会委员长。上海工人运动蓬勃发展，到3月底，前往上总办理登记的工会达到502个，会员82万人，工人纠察队2800人。

之后，杨培生根据上海区委、上海总工会的指导意见，为巩固胜利成果继续努力，他参加各种群众集会，发表演讲，慰问受伤工友，悼念牺牲烈士。那段时间，他工作忙到连家都回不去，一天往往要参加好几场会议，还要前往各行业工会深入了解工

起义胜利后，上海总工会在湖州会馆公开办公，门前由纠察队员守卫

3月27日，上海总工会在湖州会馆大厅前举行升旗典礼，中共上海区委赠“全国无产阶级革命之模范”锦旗一面

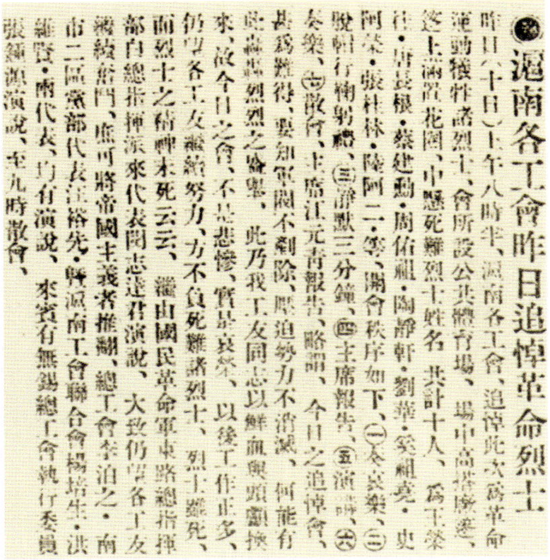

滬南各工會昨日追悼革命烈士

昨日（十日）上午八時半、滬南各工會、追悼此次爲革命運動犧牲諸烈士、會所設公共體育場、場中高搭[illegible]臺、臺上滿置花圈、中懸死難烈士姓名、共計十人、爲王榮往・唐長根・蔡建勳・周佑祖・陶靜軒・劉華・奚祖堯・史阿榮・張桂林・陸阿二・等、開會秩序如下、㈠奏哀樂、㈡脫帽行鞠躬禮、㈢靜默三分鐘、㈣主席報告、㈤演講、㈥奏樂、㈦散會、主席汪元青報告、略謂、今日之追悼會、甚爲難得、要知軍閥不剷除、壓迫勢力不消滅、何能有此轟轟烈烈之偉舉、此乃我工友同志以鮮血與頭顱換來、故今日之會、不是悲慘、實是哀榮、以後工作正多、仍望各工友繼續努力、方不負死難諸烈士、烈士雖死、而烈士之精神未死云云、繼由國民革命軍東路總指揮部白總指揮派來代表閻志遠君演說、大致仍望各工友繼續奮鬥、庶可將帝國主義者推翻、總工會李泊之・南市二區黨部代表汪裕先・暨滬南工會聯合會楊培生・洪維賢・兩代表、均有演說、來賓有無錫總工會執行委員張鍾瀾演說、至九時散會、

1927 年 4 月 11 日《申报》关于沪南各工会召开追悼革命烈士大会，杨培生在会上演讲的报道

人的情况。根据《民国日报》《申报》报道，仅 4 月 10 日、11 日两天时间，他就相继参加了多场追悼死难烈士大会，还在会上发表了演讲。同时，杨培生还不忘记联系工人，继续深入推进工人运动。一次，他在参加完上海总工会的会议后，前往浦东领导祥生船厂、日华纱厂、小南洋烟厂、英美烟厂、隆茂栈的码头工人在日华纱厂门口召开群众大会。会上，杨培生组织大家组成临时审判庭，公审了日华纱厂的两个工贼。工人们把会场挤得密密麻麻，这两个人平时作恶多端，因此大家听到要将这两个工贼公开处决后，纷纷叫好。会后，为了感谢杨培生多年来在浦东领导工

人运动的贡献，大家特地做了三面镜框代表浦东工人送给了他。而江南造船所的职工会也在杨培生的帮助下，召开了2000人参加的职工大会，会议通过了20条要求，来革新工厂和改善工人的生活待遇。大会还成立了工人纠察队，来保护工人利益。同时，江南造船所各处也贴满了“反对帝国主义”“打倒军阀统治”的标语。在杨培生的努力下，江南造船所的革命斗争形势日益高涨。

五

奔走抗争前沿

YANG PEISHENG

白色恐怖勇向前

正当大家还在考虑如何巩固革命胜利的成果，拥护国民革命军继续北伐的时候，国民党反动派勾结帝国主义，加紧策划反革命政变。事实上，早在第三次工人武装起义开始的时候，上海总工会曾派代表赶到龙华，请求驻守那里的北伐军白崇禧部队配合工人作战。但是蒋介石却密令白崇禧按兵不动。工人武装起义胜利后，蒋介石表面装出革命，给上海工人纠察队赠送了“共同奋斗”的锦旗，暗地里布置“已克服的各省，一致实行清党”。3 月 26 日，他从安徽赶回上海，随即同帝国主义列强、江浙财阀和

汪寿华参与领导了上海工人第三次武装起义。起义胜利后，任上海特别市临时市政府委员、上海总工会委员长。1927 年 4 月惨遭敌人杀害

帮会头目等举行一系列秘密会谈。帝国主义让他“迅速而果断地行动起来”，江浙财阀给了他几百万元的巨额财政资助，帮会流氓头子则许诺用流氓、暴徒充当他解除工人武装的打手。4月11日晚，上总委员长汪寿华遭绑架，被秘密杀害。4月12日，几百名青帮流氓，臂缠白布黑“工”字袖章，冒充工人从租界出发，向闸北、沪西、吴淞、浦东、南市等地的工人纠察队驻地发动进攻。工人纠察队被迫奋起自卫反击。国民革命军第二十六军以“工人内讧”进行调解之名，收缴了工人纠察队武装。当日凌

蒋介石军队占领上海工人纠察队队部

晨，浦东烂泥渡、陆家嘴、杨家渡等处的工人纠察队也遭到偷袭，被缴枪械300余支，子弹万余发，死伤十余人。春江码头的工人纠察队，因为得到上总的通知，所以加强了戒备。但到了半夜，军队乘着工人困倦、卸枪休息之际一哄而入，打死8名工纠队队员。当场有工纠队队员质问："这些武器是工人用血换来的，你们凭什么要拿走！"但国民党党部的人员威胁说："工人做工，要武器干吗？如果有坏人捣乱，军队会保护你们，谁胡闹就就地枪决。"说着，命令士兵把枪支全部缴走。12日上午，祥生船厂、日华纱厂、小南门洋烟厂、英美烟厂、隆茂栈等300多人集会，推举6人代表团，前往俞家庙军营进行交涉，要求"严惩祸首，

工人纠察队总指挥部内部遭严重破坏

归还武器”。当他们走到杨家渡时，就被军队挡住了去路，当工人代表喊到“中国人不打中国人”时，军队代表却假惺惺地回答：“警察局已经投降了，大家都是自己人，现在天下太平，工人不需要枪支，你们要好好做工，北伐军会保护你们的。”因此，谈判毫无结果。

4月13日，上海工人和市民在闸北青云路广场召开10万人群众大会，会后大家进行示威游行，要求释放被捕工人，交还工纠队的枪支，惩办流氓。当队伍行进至宝山路三德里附近时，早已埋伏在附近的军队突然向人群开枪扫射，大批手无寸铁的工人和市民纷纷惨倒在血泊之中。宝山路上血流成河，惨不忍睹。南市的工人在游行中，也遭到军队的开枪射击，死10余人。当天，祥生船厂和码头工人约500人，前往枫林桥司令部请愿，要求归还武器。工人们受淋挨饿，静坐在草地上。直到晚上8时多，上总派人来通知，说蒋介石已对群众开枪了，上总也被查封了。大家只能无功而返。

据不完全统计，至4月15日，上海工人300多人被杀，500多人被捕，5000多人失踪。四一二反革命政变后，中共上海区委于4月中旬召开会议，决定由杨培生代理上海总工会委员长。会议还决定各产业工会除铁总与海总外，其余全部撤销，原有的产业总工会负责人大多分配到各区工会联合会担任领导工作，加强

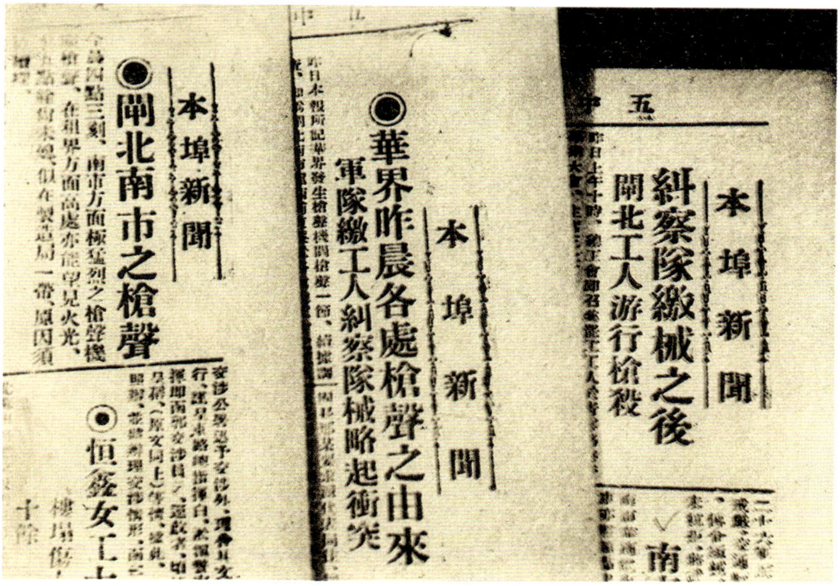

本埠新聞

閘北南市之槍聲

本埠新聞

華界昨晨各處槍聲之由來

軍隊繳工人糾察隊械略起衝突

五

本埠新聞

糾察隊繳械之後

閘北工人游行槍殺

1927年4月12日，蒋介石公开背叛革命，指使流氓组织中华共进会袭击工人纠察队，并借口“工人内讧”，出动军队收缴工人纠察队的武装，疯狂屠杀工人。这是当时的报道

区工会联合会组织。上总及各产业总工会、区工会联合会均由公开转入地下。

事实上，对于反动派的阴谋，上海党组织已经有所察觉。4月11日傍晚，杨培生的两个儿子[①]来到南市三山会馆，给已经

---

① 《杨洁如干部自传》，1959年4月5日。据杨洁如回忆，“清党”前一天，母亲周筱发让他和大哥杨文元一起去给杨培生送衣服。

好几天没有回家的父亲送衣服。当时三山会馆门口堆放了很多沙袋，几十名武装纠察队的工人如临大敌，正在站岗。杨培生见到儿子后，告诉他们外面形势不好，叮嘱他们赶快回家，不要在外逗留。当天晚上，街头枪声不断。第二天，杨培生的妻子周筱发不放心丈夫，让大儿子杨文元再去三山会馆看看，打探一下杨培生是否安全。当杨文元到三门会馆时，发现会馆大门枪洞累累，墙上满是激战后的斑驳，里面却空无一人。杨文元回家后，把情况跟母亲一说，全家人开始到处打听杨培生的下落。但始终没有

1927年4月12日中午，上海各界群众在南市公共体育场集会，抗议军队收缴工人武装，会后举行声势浩大的游行示威

宝山路惨案
流血地

至4月15日，上海300多名共产党人和革命群众惨遭杀害

杨培生的消息，一家人既担心杨培生遭遇不测，又感叹还好没有坏消息传来，终日惶惶不安。几天后，杨家人收到了一份从汉口寄来的信，才知道杨培生去了武汉。原来，4月11日晚上，杨培生接到党组织的通知，秘密离开了三山会馆。不久，他与中共中央机关的其他同志，从黄浦码头登上了驶往汉口的轮船，前往武汉参加即将召开的中国共产党第五次全国代表大会。据郑超麟回忆，当时这艘开往武汉的船上，搭载着罗亦农、李立三、王荷波、杨培生等一批共产党人，他们或伪装成卖鱼的，或伪装成卖瓷器的，或伪装成做茶叶生意的，分住在不同的客舱，互相装成

南市的工人纠察队总队部驻地——三山会馆

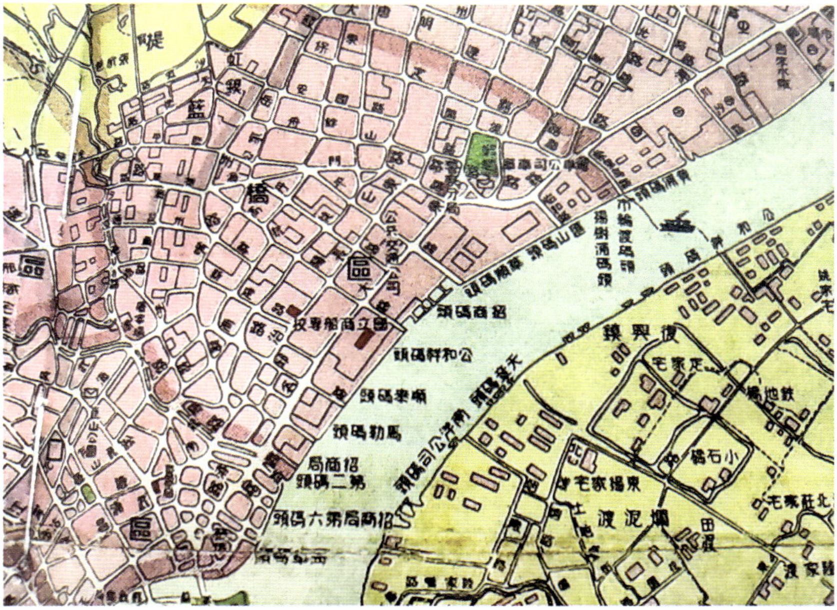

杨培生在黄浦码头登上驶往武汉的轮船

陌生人，以避开警察的搜捕。

中共五大任要职

到达武汉后，杨培生等人受到了湖北省党部、省农民协会、妇联和学联等团体的欢迎，并参加了他们准备的欢迎会。在欢迎会上，大家纷纷发言讨论，气氛异常热烈。特别是有同志提到了在上海发生的五卅运动和三次武装起义影响巨大，沉重打击了帝国主义列强和资产阶级，鼓舞了其他地区同志的革命热情。为此，希望能有上海的同志介绍这两次运动的经过，分享斗争的经验。看到在座的同志这么迫切地想了解上海的革命情况，杨培生毫不犹豫地站了起来。他向大家介绍："我叫杨培生，是上海一家英商船厂的工人，所以工人兄弟受的苦我最清楚。平日里，我们深受这些资本家老板的剥削和压迫，他们像吸血鬼一样，吸干了我们的血，不用干活，还富得流油。我们干死干活，连饭也吃不饱，老板说打就打，说开除就开除。所以，我们要起来反抗，争取自己的利益。但是以前我们都是自顾自地斗争，有时候工人间还要互相拆台。但是自从有了共产党，教会了我们天下工人是一家，工人要拧成一股绳，与敌人作斗争。而且，党组织还开设了平民夜校，教我们识字，告诉我们革命的道理。后来，在党的领导下，我们还成立了各行业工会。有了工会，我们就能统一行动，大家商量好了跟敌人谈条件，所以斗争获得了成功。最后，在这里，我也要诚恳地感谢湖北的工人兄弟在我们斗争最辛苦、吃不饱饭的时候，给我们捐钱，让我们渡过了难关。"

杨培生话音刚落，会场便响起了热烈的掌声。他的讲述，使得会议气氛到达了高潮，不仅让大家对上海的工人运动有了大致的了解，也让大家对这个来自上海的工人领袖熟悉起来。

1927 年 4 月 27 日至 5 月 9 日，中国共产党第五次全国代表

中共五大通过的《政治形势与党的任务决议案》

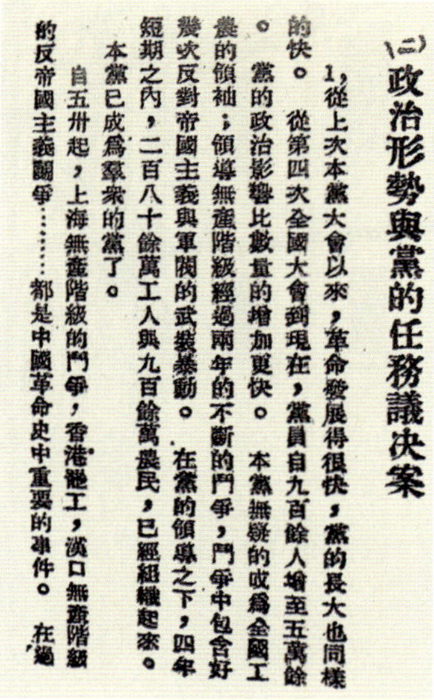

(二)政治形勢與黨的任務議決案

1，從上次本黨大會以來，革命發展得很快，黨的長大也同樣的快。 從第四次全國大會到現在，黨員自九百餘人增至五萬餘。 黨的政治影響比數量的增加更快。 本黨無疑的成爲全國工農的領袖；領導無產階級經過兩年的不斷的鬥爭，鬥爭中包含好幾次反對帝國主義與軍閥的武裝暴動。 在黨的領導之下，四年短期之內，二百八十餘萬工人與九百餘萬農民，已經組織起來。本黨已成爲羣衆的黨了。

自五卅起，上海無產階級的鬥爭，香港罷工，漢口無產階級的反帝國主義鬭爭……都是中國革命史中重要的事件。 在過

大会在武汉召开。出席大会的80多名党员，代表着全国5.7万共产党员，杨培生作为上海的代表参加了会议。大会选举产生了中国共产党第一届中央委员会和第一个中央纪律检查监督机构——中央监察委。当时，“同志中之一部分，发生贪官污吏化，即有经济不清楚、揩油等情弊”。[①] 特别是四一二反革命政变后，一批意志薄弱、信仰不坚定的投机分子纷纷登报退党，甚至公然叛变投敌，出卖党的组织和同志。革命形势的发展表明，必须建立

① 《中央政治报告》，1926年7月中共第四届中央执委会第二次扩大会议发布。

中共五大开幕地点——武昌高等师范第一附属小学

五大会场

一个维护党纪的专门机构，进一步加强党组织建设，保障党的纯洁。为此，中央监察委员会应运而生。而选举出一批有信仰、无私心、懂奉献的中央监察委员会委员是当时与会同志们的共识。杨培生虽然入党仅仅两年，但是他在工作中能力突出有担当，且从不为自己谋私利，一心一意为工人兄弟，所以深受同志们的认同和佩服，为此他在大会上被大家选为了中央监察委员会候补委员。党的五大闭幕以后，杨培生原打算继续留在武汉开展革命斗争。但 5 月 17 日，原驻宜昌的第十四独立师师长夏斗寅率部进逼武昌附近的纸坊。21 日，第三十五军第三十三团团长许克祥在

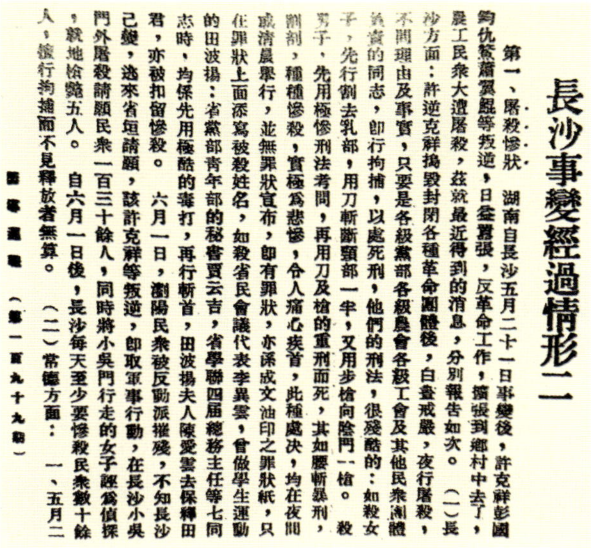

長沙事變經過情形二

第一、屠殺慘狀　湖南自長沙五月二十一日事變後，許克祥彭國鈞仇鰲蕭翼鯤等叛逆，日益囂張，反革命工作，擴張到鄉村中去了，農工民衆大遭屠殺，茲就最近得到的消息，分別報告如次。（一）長沙方面：許逆克祥搗毀封閉各種革命團體後，白晝戒嚴，夜行屠殺，不問理由及事實，只要是各級黨部各級農會各級工會及其他民衆團體負責的同志，即行拘捕，以處死刑，他們的刑法，很殘酷的：如殺女子，先行割去乳部，用刀斬斷頸部一半，又用步槍向陰門一槍。殺男子，先用極慘刑法考問，再用刀及槍的重刑而死，其如腰斬梟刑，剮剮，種種慘殺，實極爲悲慘，令人痛心疾首，此種處決，均在夜間或清晨舉行，並無罪狀宣布，即有罪狀，亦係成文油印之罪狀紙，只在罪狀上面添寫被殺姓名，如殺省民會議代表李異雲，曾做學生運動的田波揚；省黨部青年部的秘書賈云吉，省學聯四屆總務主任等七同志時，均係先用極酷的毒打，再行斬首，田波揚夫人陳愛雲去保釋田君，亦被扣留慘殺。　六月一日，瀏陽民衆被反動派摧殘，不知長沙已變，逃來省垣請願，該許克祥等叛逆，即取軍事行動，在長沙小吳門外屠殺請願民衆一百三十餘人，同時將小吳門行走的女子誣爲偵探，就地槍斃五人。　自六月一日後，長沙每天至少要慘殺民衆數十餘人，擴行拘捕而不見釋放者無算。　（二）常德方面：　一、五月二

（第一百九十九期）

《向导》关于许克祥在长沙叛变的报道

长沙收缴工人纠察队枪械，捕杀共产党员和革命群众百余人。此后，统治江西的国民党革命军第五方面军总指挥朱培德也叛变革命。大革命面临失败的危险。为了尽快恢复党的组织，党中央几经考虑，认为杨培生熟悉上海的革命环境，对恢复党中央机关和工人运动有很大帮助，准备派他回上海工作。当时，上海的革命环境极其恶劣，党组织机关基本被破坏殆尽，大批党员被捕牺牲。因此，前往上海继续工作很可能会有生命危险。但是，杨培生接到党组织的调令后，毫不犹豫地接受了任务，毅然决然前往上海。

抛家舍业为革命

杨培生回到上海后，立即投入了恢复上海总工会的工作。此时的上海笼罩在严重的白色恐怖中，他身边的同志有的潜伏避祸，有的被捕，还有的已不幸牺牲，党组织的活动完全转入了地下。杨培生本人也在反动当局通缉的要犯名单上。为此，他只能改名嫩枝，以化名继续开展革命工作。而全家人也为杨培生的处境担惊受怕。自从杨培生加入中国共产党后，为了组织工人运动，他常常忙得回不了家，即使回家也在深夜。一开始，他跟妻子解释说在外头有应酬，妻子周筱发很不理解，埋怨他不顾家。时间一长，他索性把自己做的工作告诉了妻子，周筱发虽然没念

直至牺牲，杨培生一直乐观地面对困难，坚持革命

过书，但知道杨培生是在为工人兄弟做事，十分支持他的工作，尽管也很担心他的安全。四一二反革命政变后，特别是杨培生下落不明的那段日子，全家人犹如惊弓之鸟，随时怕传来他牺牲的消息。因此，杨培生从武汉回来后，妻子周筱发曾劝他："你一个四十几岁的人，还有家小，万一有个好歹，我怎么办？孩子们怎么办？你看，汪寿华走得不明不白的，到现在也不晓得去哪里了，你不要再跟他们作对了，去妙琪家避一避吧。"妙琪全名顾妙琪，是杨培生的一个远房亲戚。当时顾家在海参崴双城子做生意，杨培生去那里不仅能避开敌人的追捕，而且跟着亲戚做生意，还能解决生活上的困顿。事实上，全家人不仅要担心杨培生

的安全，还要担心怎么吃上下一顿饭。其实，杨培生作为祥生铁厂的领班，工资并不低，一家人生活绰绰有余。但是此前，他多次帮助工人进行“合会”，特别是五卅运动和多次罢工中，为了帮助罢工工人渡过难关，他出面借了不少钱给大家解决温饱。上海工人三次武装起义时，为了筹措武器，他甚至卖了川沙老家的祖田。但即使这样，他还是欠了不少外债。因此，每个月拿到工资后，除了留下一笔生活费外，其他的钱都用来还债。全家一直过着半饥半饱的生活，大儿子杨文元为了减轻家中负担，辍学去浦东英美烟厂当童工。1927 年 2 月底，祥生船厂老板慑于杨培生在工人中的威信，怕他再组织工人罢工，就将他开除出厂。没有了生活主要来源的杨家人，生活更加艰难。而且因为一直为工作殚精竭虑，杨培生积劳成疾吐起血来。周筱发只能把陪嫁时的珍珠磨成粉，让他吃了止血。

身体孱弱、家中困顿、妻子劝阻，都没能动摇杨培生继续革命的意志。他告诉妻子：“我们做革命工作，不能怕这怕那。汪寿华委员长为了革命，连性命都丢了。而且我们之所以要革命，不是为了自己、为了家里人，而是造福全国人民，而且将来文元他们不用再过现在这样的苦日子了，为了将来过美好的生活，需要我去革命。”在他的劝说下，周筱发不仅不再阻止杨培生继续工作，还默默地为革命工作出力。施小妹是杨培生的下属，常常到杨家来找杨培生聊工作，来的次数多了，容易引起敌人的怀疑。因此，施小妹常常借着与周筱发在杨家门口聊家常就顺便把消息告诉周筱发，让周筱发再把消息转告给杨培生。而当其他同志到杨家来开会时，周筱发就坐在门口，假装干活，其实是为大家望风。当时，时常有来历不明的人来杨家查问，或是问杨培生住哪里，或是问他什么时候回家。在这样的情况下，杨培生夫妇只能强忍心中的不舍将其他孩子送回了川沙老家，因为小儿子还小，实在放心不下，就留在身边照顾。

坚贞不屈慨赴死

1927 年 6 月上旬，中共江苏省委成立，杨培生担任江苏省委执行委员。但在腥风血雨中诞生的江苏省委遭到了敌人的扼杀。6 月 26 日，江苏省委在施高塔路恒丰里 104 号的省委机关被破坏，省委书记陈延年、郭伯和、黄竞西、韩步先 4 人被捕。在敌人的严刑拷打之下，韩步先叛变，不仅指认了陈延年等人，还供出了上海总工会秘密地址。几天后，上海总工会设在四川北路横浜桥和溧阳路附近的两个秘密机关先后被破坏。6 月 29 日，杨培生、张佐臣等人正在召集下属工会会议。周筱发抱着三岁的小儿子在弄堂口望风，突然从旁边蹿出几十个手持短枪的便衣特务，包围了房子的前后门。她想要报信已经来不及了，几个明显很熟

中共江苏省委旧址——施高塔路恒丰里 104 号（今山阴路恒丰里 90 号）

时任中共第五届中央委员、中共江苏省委书记的陈延年。1927 年 6 月，在参加中共江苏省委干部会议时被捕，不久牺牲

悉地形的特务直接冲上了楼。周筱发眼看着自己的丈夫被拖上汽车。同时被捕的还有张佐臣、董星吾等 9 人。他们先被押送到狄思威尔路（今溧阳路）巡捕房，当晚又转押国民革命军总司令部驻沪特别军法处。

杨培生在关押期间都以化名应对，但在叛徒指认下，他的身份很快暴露了。狱警对他进行了严刑拷打，逼他说出中共中央机关的秘密地址和其他同志的下落，但是杨培生毫不畏惧，始终一

上海总工会设在狄思威尔路（今溧阳路）的秘密办公机关

狄思威尔路（今溧阳路）巡捕房现景

国民革命军总司令部驻沪特别军法处所在地

言不发。回到狱中，他对狱友说：“我们既已被捕，只有死而已，诸同志宜各努力奋斗。”杨培生被捕后，党组织万分焦急，想方设法准备营救。此外，一些曾经受到杨培生帮助的工人兄弟知道后，也争相奔走，他们都觉得杨师傅不是做坏事的人，是解急救困、为工人出头说话的自己人。因此，几十个工人不仅凑了担保费，还联名写下担保书。次日，他们派代表陪着周筱发，带着担保金和担保书前往军法处探监，希望能把杨培生保释出狱。到了军法处，工人代表问看门的狱警：“杨师傅为什么会被抓？他不是坏人，我们很多人都能证明，这里是大家的担保书。你看，大家都按了手印的。对了，我们还准备了保释金。”说着，便把担保书和保释金都塞给了狱警。周筱发也在旁边央求：“不能保释的话，让我们见他一面吧。”狱警捏了捏手中的钱：“等会，我去问问。”一会儿，他出来告诉周筱发他们：“人，你们今天不要见了，明天来领就好了。”大家放心地回去，准备第二天来接杨培生。但事实上，因为威逼利诱和严刑拷打都奈何不了杨培生，无计可施的敌人已经准备对他下毒手。临刑前，杨培生神态自若，和张佐臣一起高唱着国际歌。7 月 1 日，当周筱发和工人兄弟满怀希望准备接杨培生出狱时，接到却是他的遗体。周筱发悲痛欲绝。同行的工人立即联系了祥生的老工人，大家集体请愿，并与英国老板交涉，厂方被迫同意工人用小火轮去龙华将杨培生的遗体运回了川沙小营房老家安葬。

杨培生的牺牲是中国工人运动、中国共产党的一大损失。由中国济难会编印的《牺牲》在《杨君培生事略》一文指出：“杨君老成持重，处事有方，为人且极和蔼镇静可亲。上海工人对杨君之死，同声哀悼不已。”新中国成立后，人民政府将杨培生的遗骨移葬至川沙烈士陵园，以供后人缅怀纪念。

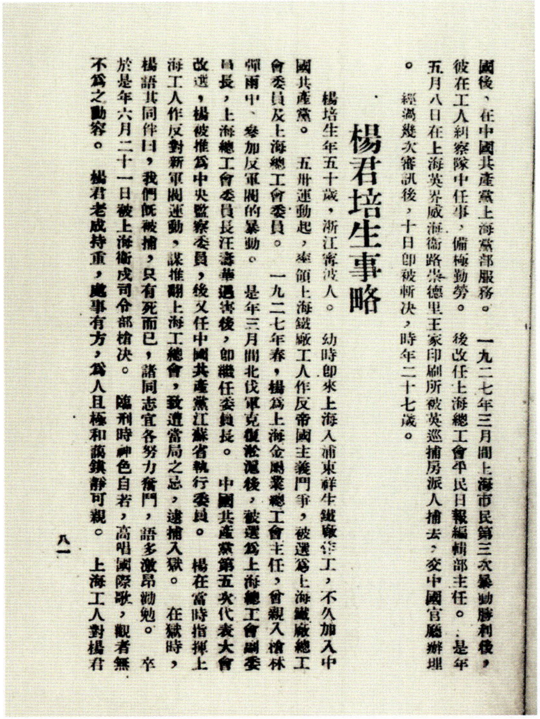

國後、在中國共產黨上海黨部服務。 一九二七年三月間上海市民第三次暴動勝利後，彼在工人糾察隊中任事，備極勤勞。 後改任上海總工會平民日報編輯部主任。 是年五月八日在上海英界威海衛路崇德里王家印刷所被英巡捕房派人捕去，交中國官廳辦理。 經過幾次審訊後，十日即被斬決，時年二十七歲。

楊君培生事略

楊培生年五十歲，浙江寧波人。 幼時即來上海入浦東祥生鐵廠學工，不久加入中國共產黨。 五卅運動起，率領上海鐵廠工人作反帝國主義鬥爭，被選爲上海鐵廠總工會委員及上海總工會委員。 一九二七年春，楊爲上海金屬業總工會主任，曾親入槍林彈雨中、參加反軍閥的暴動。 是年三月間北伐軍克復淞滬後，被選爲上海總工會副委員長，上海總工會委員長汪壽華遇害後，即繼任委員長。 中國共產黨第五次代表大會改選，楊被推爲中央監察委員，後又任中國共產黨江蘇省執行委員。 楊在當時指揮上海工人作反對新軍閥運動，謀推翻上海工總會，致遭當局之忌，逮捕入獄。 在獄時，楊語其同伴曰，我們既被捕，只有死而已，諸同志宜各努力奮鬥，語多激昂勸勉。 卒於是年六月二十一日被上海衛戍司令部槍決。 臨刑時神色自若，高唱國際歌，觀者無不爲之動容。 楊君老成持重，處事有方，爲人且極和藹鎮靜可親。 上海工人對楊君

八一

刊于《牺牲》第一辑中的杨培生事略

位于川沙烈士陵园的杨培生墓

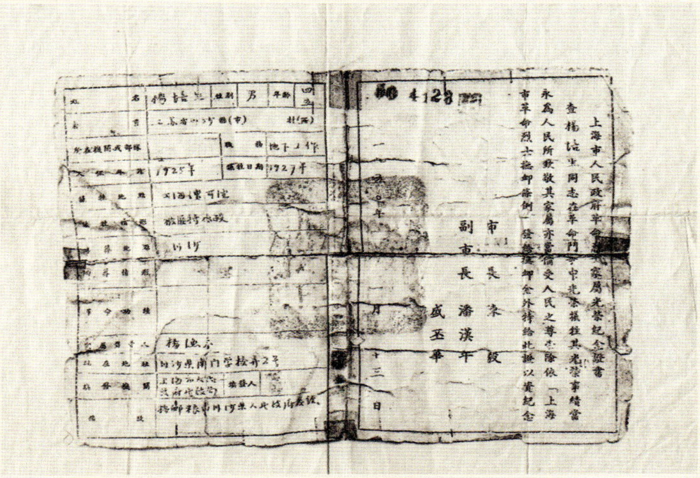

新中国成立后，杨培生被追认为烈士。这是他的烈士证

杨培生大事年表

1883 年

出生于江苏省川沙县（今上海浦东新区）小营房北杨家宅。

1906 年

经姐夫丁逢年介绍，进入上海启昌机器厂做学徒工。

1910 年

与川沙暮紫桥人周筱发结婚，婚后生有六子。

1914 年

秋 因启昌机器厂失火，厂房被焚毁，进英商祥生铁厂做工。

1919 年

6 月 参加为支持北京学生的爱国运动而举行的“三罢”斗争，与祥生铁厂 2 千余名工人参加了 6 天 6 夜的罢工。

7 月 响应孙中山关于发展矿业、炼铁以及铁路运输的号召，在内园参与成立祥生铁厂“铜铁业机器公会”。

1921 年

因技术高超，被任命为祥生铁厂钳工领班。

1925 年

2 月 参与二月罢工，动员浦东各厂工人声援。

5月　顾正红被日本帝国主义杀害后，带领祥生铁厂工人前往南京路，参加示威游行，目睹五卅惨案。此后，带领祥生铁厂工人坚持罢工。

6月　参与建立祥生铁厂工会，被选为第一任会长。

带领祥生船厂工人前往南市公共体育场参加群众大会。

在张佐臣介绍下，参加中国共产党。

9月　参加上海铁厂总工会成立大会，被选为上海铁厂总工会委员。

带领祥生铁厂工人与英国老板谈判，达成7项复工条件，工人于9月下旬复工。

11月　参与建立祥生铁厂党支部，任支部书记。

1926年

6月　在中共浦东部委的帮助下，参与创办工人夜校。

领导祥生铁厂工人罢工，要求资方履行五卅复工条件，罢工取得胜利。

10月　参加上海工人第一次武装起义。

12月　参加中共浦东部委代表大会，被选为中共浦东部委委员，负责组织工作。

1927年

2月　被选为上海区委候补委员。

参加上海工人第二次武装起义。

参加上海金属业总工会成立大会，被选为执行委员。

3月　任上海总工会金属业总工会委员长。

任南市区工会联合会主任。

参与建立江南造船所职工会。

组织浦东数千名工人前往南市公共体育场参加群众大会，庆祝上海工人第三次武装起义获得胜利。

参加全上海工人代表大会，被选为新一届执行委员会执行委员。

任上海总工会副委员长。

4月　四一二反革命政变后，任代理上海总工会委员长。

5月　参加在武汉举行的中国共产党第五次全国代表大会，在会上被选为首届中央监察委候补委员。

6月　任中共江苏省委执行委员。

任中共闸北部委职工部主任。

在武汉召开的第四次全国劳动大会上，缺席当选为中华全国总工会第三届执行委员。

参加上海总工会秘密会议时被捕，后被押送至国民革命军总司令部驻沪特别军法处。

7月1日　在国民革命军总司令部驻沪特别军法处牺牲。

参考文献

1. 中共中央党史研究室:《中国共产党的九十年》，中共党史出版社、党建读物出版社 2016 年版。

2. 中共中央党史研究室:《中国共产党历史·第一卷（1921—1949）》上册，中共党史出版社 2011 年版。

3.《中国地方志集成·上海府县志辑⑦》，上海书店出版社 1991 年版。

4. 刘明逵编:《中国工人阶级历史状况》第一卷第二册，中共中央党校出版社 1993 年版。

5. 沈以行、姜沛南、郑庆生主编:《上海工人运动史》，辽宁人民出版社 1991 年版。

6. 上海社会科学院经济研究所:《江南造船厂厂史（1865—1949）》，江苏人民出版社 1983 年版。

7. 中共上海市委党史资料征集委员会、上海市民政局合编:《上海英烈传》（第二卷），1987 年版。

8.《浦东英烈》编写组编:《浦东英烈》（第一辑），上海人民出版社 2013 年版。

9. 中共上海市委党史研究室：《中国共产党上海史 1920—1949》，上海人民出版社 1999 年版。

10. 中共上海市委组织部、中共上海市委党史资料征集委员会、中共上海市委党史研究室、上海市档案馆：《中国共产党上海市组织史资料（1920.8—1987.10）》，上海人民出版社 1991 年版。

11. 上海市档案馆编：《上海工人三次武装起义》，上海人民出版社 1983 年版。

12. 江南造船厂党史编纂组：《中国共产党在江南造船厂 80 年》，上海人民出版社 2005 年版。

13. 上海社会科学院历史研究所编：《五四运动在上海史料选辑》，上海人民出版社 1960 年版。

14.《红藏：进步期刊总汇（1915—1949）· 工人之路》，湘潭大学出版社 2014 年版。

15. 施小妹口述：《母子闹革命》，少年儿童出版社 1961 年版。

后　记

上海，英雄辈出之城；龙华，英烈永生之所。

值此建党百年之际，在中共上海市委宣传部、中共上海市委党史研究室的支持下，能有机会承担龙华英烈杨培生烈士画传的撰写工作，备感荣幸。作者此前曾策划过关于杨培生烈士的展览，策展中发现有关他的资料非常有限。此次在着手开展资料收集工作后，确曾一度陷入僵局，因为杨培生烈士的经历非常集中，留下的文字资料极为有限，相关的照片屈指可数，以往更是没有一部关于他的传记。但随着资料收集范围的扩大，特别是在与杨培生烈士生前工作过的祥生船厂（现上海船厂船舶有限公司）、开展过工人运动的江南造船所（现江南造船有限责任公司）联系，以及对他的家属进行访谈后，一位来自农村的、从普通工人成长起来的、最后献身工运事业的工人领袖形象逐渐丰满起来。

正式着手撰写后，不仅是对杨培生烈士事迹的挖掘与呈现，更是作者自我升华的过程。不同于其他年轻的同志，杨培生加入中国共产党时已 42 岁，说明他走上革命道路，是深思熟虑的结果，并不是一时的热血。在那个纷繁复杂的革命年代，以杨培生为代表的这批工人领袖，不为高官所动，不为名利所惑，在明知有生的希望时，为了坚守自己的信仰，宁愿选择献出生命，作者被他们的精神深深地感染。正所谓“碧血丹心为工运，志士浩气凌青天”，这是对杨培生一生最好的概括。

最后，再次感谢上海船厂船舶有限公司、江南造船有限责任公司、宝钢不锈钢有限公司、川沙烈士陵园、杨培生烈士家属以及尚娅、黄秋雨、苏莉敏、丁恣然在资料收集过程中的大力支持和帮助。

由于作者水平和掌握的史料有限，难以尽意，只等来日补充修正，恳请广大读者批评指正。

作者

图书在版编目(CIP)数据

杨培生画传/中共上海市委党史研究室,龙华烈士纪念馆编;沈申甬著. —上海:上海人民出版社,2021
ISBN 978-7-208-17213-5

Ⅰ. ①杨… Ⅱ. ①中… ②龙… ③沈… Ⅲ. ①杨培生(1883-1927)-传记-画册 Ⅳ. ①K827=6

中国版本图书馆 CIP 数据核字(2021)第 132751 号

责任编辑 罗 俊
封面设计 周伟伟

杨培生画传
中共上海市委党史研究室
龙 华 烈 士 纪 念 馆 编
沈申甬 著

出 版 上海人民出版社
(200001 上海福建中路 193 号)
发 行 上海人民出版社发行中心
印 刷 上海中华印刷有限公司
开 本 720×1000 1/16
印 张 9.5
字 数 78,000
版 次 2021 年 7 月第 1 版
印 次 2021 年 7 月第 1 次印刷
ISBN 978-7-208-17213-5/K・3101
定 价 48.00 元